Herbert Günther

Der Versteckspieler

Herbert Günther

Der Versteckspieler

Die Lebensgeschichte des Wilhelm Busch

zuKlampen!

»Der Versteckspieler« erschien 1991
beim Union Verlag, Fellbach,
und 2002 bei Beltz & Gelberg, Weinheim.

info@zuklampen.de · www.zuklampen.de

Umschlag: »In Zeiten wie diesen« – Büro für Kommunikation,
Konzept & Kreation, Hannover
Druck: CPI – Clausen & Bosse, Leck

ISBN 978-3-86674-155-3

Bibliografische Information der Deutschen Nationalbibliothek
Die Deutsche Nationalbibliothek verzeichnet diese Publikation in der
Deutschen Nationalbibliografie; detaillierte bibliografische
Daten sind im Internet über ‹http://dnb.d-nb.de› abrufbar.

»Kein Ding sieht so aus, wie es ist.
Am wenigsten der Mensch,
dieser lederne Sack voller Kniffe und Pfiffe.«

Wilhelm Busch

Inhalt

Feldweg bei Wiedensahl. Zeichnung von Wilhelm Busch

Was weiß ich denn noch aus meinem dritten Jahr? Knecht Heinrich macht schöne Flöten für mich und spielt selber auf der Maultrommel, und im Garten ist das Gras fast so hoch wie ich, und die Erbsen sind noch höher; und hinter dem strohgedeckten Hause, neben dem Brunnen, stand ein Kübel voll Wasser, und ich sah mein Schwesterchen drin liegen wie ein Bild unter Glas und Rahmen, und als die Mutter kam, war sie kaum noch ins Leben zu bringen.

Wilhelm Busch, Von mir über mich

I
Draußen vorm Dorf

Auf dem Weg von der Schule ist auf einmal Krischan neben ihm. Sie schlendern um den Teich in der Mitte des Dorfes, beäugen sich misstrauisch aus den Augenwinkeln. Endlich rückt Krischan raus mit der Sprache.

»Ihr habt doch Pulver in eurem Laden?«

»Was für Pulver?«, fragt Wilhelm.

»Peng!«, macht Krischan und lacht. Er zieht einen großen verrosteten Kirchenschlüssel hervor und hält ihn Wilhelm unter die Nase. Der Schlüssel ist mehr als doppelt so lang wie seine Hand und innen hohl.

»Da«, sagt Krischan und zeigt auf ein fingerkuppengroßes Rostloch am Schlüsselhals. »Blei ist schon drin. Brauch nur noch das Pulver. Und dann …« Er bläst die Backen auf. »Pamm! … Peng! … Bum!« Krischan explodiert förmlich vor Wilhelms Augen. Sein Grinsen wirkt ansteckend.

»Und wenn wer was merkt?«, fragt Wilhelm.

»Pah«, macht Krischan und sieht ihn verächtlich an.

Schon ist Wilhelm wieder der brave Kaufmannssohn, der er nicht sein will. Er weiß, wo Pulver zu finden ist.

»Wann denn?«, fragt er und hat sich noch längst nicht entschieden.

»Heute Nachmittag«, sagt Krischan. »Draußen im Wald. Du kommst mit mir mit.«

Dieser letzte Satz gibt den Ausschlag. Wilhelm nickt.

»Das gibt einen Knall, das hören sie bis Loccum rüber!«

Bloß nicht, denkt Wilhelm. Aber standhaft bleibt er diesmal dann doch.

Eine halbe Stunde später schleicht er auf den Speicher und füllt aus dem steinernen Krug eine Tüte mit Pulver ab.

Am Nachmittag wartet er draußen vorm Dorf auf Krischan. Endlich kommt er über den Grasweg zwischen den Ackerstreifen. Er führt die beiden Kühe des Küsters am Strick, eine schwarze und eine braune. Schon von weitem winkt er herüber und johlt. Muss er so einen Spektakel machen, ärgert sich Wilhelm.

Aber je weiter sie sich dann vom Dorf entfernen, je kleiner das Elternhaus hinter ihnen wird, umso höher steigt seine Erwartung. Er spürt eine kribblige Vorfreude auf Weißnichtwas, nicht nur auf den Knall. Im Tempo gemächlicher Kuhschritte nähern sie sich dem Wald.

Barfuß, mit mehrfach geflickter Hose, zerrissenem Hemd, kräftigen Armen, mit rundem, offenem Gesicht, so gehört Krischan hierher in Wiesen und Wald wie die Ähre zum Halm. Krischan sagt Ja oder Nein, entweder ist man sein Freund oder man prügelt sich mit ihm. Alles »vielleicht« oder »weiß nicht« gilt nicht für Krischan.

Tatsächlich ist der Knall so mächtig, wie er es noch nie vorher gehört hat. Sogar die Kühe, die Wilhelm am Rand der Waldwiese am Strick hält, heben neugierig die Köpfe. Schwarz verkohlt liegt der Kirchenschlüssel im Gras. Krischan tanzt von einem Bein auf das andere, rundherum um den Schlüssel, tanzt durch den abziehenden Rauch, springt hinüber und herüber wie Luzifer und schreit ein vielfaches Echo heraus: »Bam! Peng! Bum!«

Als hätte er die Geister heraufbeschworen, laufen sie aus allen Richtungen auf die Lichtung: Hinnerk und Kord, Johann, Anna, Grete und Christine. Johlend umkreisen sie Krischan, der hält den Schlüssel triumphierend hoch in die Luft, tut, als ob er noch heiß wäre, schleudert ihn zurück ins Gras, johlt und tanzt wie wild.

Wilhelm bindet die Kühe an den nächsten Baum, und dabei sieht er auf dem Waldweg jenseits der Lichtung die spindeldürre Gestalt des Bauern Bolte, der neugierig herübersieht. Für einen Moment treffen sich ihre Blicke und der alte Bolte kratzt sich hinter dem Ohr. Dass die Hütekinder lärmen und Unfug treiben, das ist er gewohnt; dass der Sohn des Krämers dabei ist, ist neu. Eilig wendet er sich ab und stiefelt schnurstracks in Richtung Dorf.

Wilhelm zögert. Aber das Johlen im Ohr überstimmt alle Bedenken. Er dreht sich um und rennt in den Kreis der ausgelassenen Kinder. Sie nehmen ihn auf ohne ein Wort, ohne einen scheelen Blick, und bald spürt er Christines warme Hand in seiner Linken, Johanns Warzengerunzel in seiner Rechten, sie tanzen um Krischan herum und singen: »Der Has ist tot! Der Has ist tot!«

Dann entzünden sie mitten auf der Waldwiese ein Feuer. Krischan holt aus seiner Reisighütte von seinem Kartoffelvorrat, auch Anna und Harmschlüters Hinnerk sind heute damit an der Reihe. Alles geschieht mit wenigen Handgriffen, entschlossen und schnell. Eine eigene, wortlos geregelte Ordnung herrscht hier draußen, und als sie ums Feuer herumsitzen, wundert sich Wilhelm auch nur noch wenig, als hinter dem großen selbstsicheren Krischan, der sich schläfrig zurücklehnt, Grete kniet, ihm die Flöhe aus dem Haar pult und einen nach dem anderen zwischen den Fingern zerdrückt. Anna sucht Hinnerks Haar ab, nur Christine scheint weder Kord noch Hinnerk zuzugehören. Sie sitzt ein wenig abseits und hat keinen Blick für die Pärchen.

Während des dösigen Schweigens streift ihn Johanns Blick und der scheint nun doch so etwas zu sagen wie: »Was will der hier, der Hosenscheißer?« Aber Krischan weist Johann zurecht; Krischans Augen sagen: »Er steht unter meinem Schutz. Er hat das Pulver besorgt.« Wortlos ist auch das schnell erledigt.

Dann bewundert Wilhelm ausführlich Kords großes Messer mitsamt Lederscheide, ein Geschenk von seinem weggelaufenen Vater, um das Wilhelm ihn ehrlich beneidet. Kord prüft damit die Kartoffeln im Feuer, und als sie ihm weich genug erscheinen, spießt er sie auf und teilt jedem zu.

Herrlich schmecken die gebackenen Kartoffeln, aber sie machen durstig. Krischan hockt sich unter die braune Kuh, zieht eine Zitze zu sich her und melkt ein paar Spritzer in den weit geöffneten Mund. Dann fordert er Wilhelm auf, es ihm gleichzutun, aber Wilhelm fährt der warme Kuhmilchstrahl über die Wangen, rinnt unter den Kragen, bis in die Achselhöhlen hinein.

Die anderen lachen, aber fürsorglich ist da Christine mit einem Grasbüschel und wischt ihm die Milch aus dem Gesicht, selbstverständlich und ohne Getue.

Dann macht Hinnerks Tonpfeifenstummel die Runde. Die Mädchen sind davon ausgeschlossen. Nur wenn das knisternde, trockene Kraut keinen Dampf mehr absondert, fällt es den Mädchen zu, einen brennenden Span über den Pfeifenkopf zu halten.

Der Nachmittag vergeht wie im Flug. Sie treten das Feuer aus und ziehen mit den Kühen ein Stück am Waldrand entlang. Johann findet ein seltsam verwachsenes Wurzelstück, das dem Gesicht des Lehrers Bohnhorst gleichen soll. Sie werfen es von einem zum anderen, jeder treibt seinen Spott mit dem Abbild des Peinigers, und als es wieder bei Johann landet, wirft er es hinter sich auf die Erde, dreht sich um und pinkelt darauf. Johlend ziehen sie weiter.

Die Sonne senkt sich dem Horizont zu, die Abendglocke tönt herüber und gemächlich trotten Mensch und Tier dem Dorf entgegen. Zufrieden fühlt Wilhelm sich, tief einverstanden mit allem, was um ihn herum ist, angenehm schwer und müde in den Gliedern, als hätte er den ganzen Tag lang gearbeitet. Am Dorfrand wehen ihnen Essensgerüche entgegen, Bratkartoffelherrlichkeiten, geröstete Zwiebeln, hier und da vielleicht sogar Speck. Wilhelm läuft das Wasser im Mund zusammen; wie noch nie freut er sich auf das Essen. Als er sein Elternhaus erreicht, ist er voll gepumpt mit Freude, und die Bilder des Nachmittags drehen sich in ihm, geheimnisvoll lockend.

Aber vor der Haustür erwartet ihn der Vater mit strengem Gesicht. Sofort weiß Wilhelm Bescheid. Er hat es im Wald schon gewusst, aber nicht wahrhaben wollen und dann einfach vergessen. Der Vater schiebt ihn vor sich her, die Treppe zum Speicher hinauf, drängt ihn vor den steinernen Krug und sagt nur ein schneidendes Wort: »Nun?«

Wilhelm schlägt die Augen nieder und schweigt.

Der Vater greift ihn am Ohr, dreht es herum, und dann pfeift der Rohrstock durch die Luft, trifft Wilhelms Rücken, er schreit und rennt los, immer rundherum um den Krug, der Vater hinter ihm, hält ihn am schmerzenden Ohr.

Der Vater brüllt. Das Ohr schmerzt. Wilhelm rennt und schreit, als solle er aufgespießt werden. Die Schläge treffen ihn im Nacken, am Knie, in der Seite, überallhin. Am schlimmsten aber brennt ihm das Ohr.

Endlich kann er entwischen und flüchtet stolpernd die Treppe hinunter. Unten wartet die Mutter, die alles mit angehört hat. Aber sie weicht aus, als er sich weinend in ihre Arme stürzen will. Sie zieht ihn hinein in die Kammer.

Ohne Abendessen geht Wilhelm ins Bett. Lange noch liegt er mit offenen Augen und die Gedanken wollen keine Ruhe geben. Er fährt sich durchs Gesicht und spürt die klebrige Milch auf der Wange. Mit der Zunge leckt er danach, reicht aber nur bis zum Rand.

Da ist was, denkt er, draußen vorm Dorf. Prickelnd, warm wie Kuhmilch, schwebend. Da ist die Freiheit, das Leben. Vielleicht hat es mit dem Bösen zu tun, wovor sie ihn warnen, die Eltern, der Lehrer, der Pfarrer. Herrlich ist es. Unbeschreiblich. Zerbrechlich aber. Wenn nur einer dran rührt, springt's entzwei. Verstecken wird er's. Keiner soll es ihm nehmen.

Schlag du nur, denkt er trotzig zu seinem Vater hin. Schlag du nur. Diesen Nachmittag wirst du nicht aus mir herausprügeln können.

Sammelbilder
1832–1841

Das Dorf, das Zuhause, Bauernhöfe links und rechts der Straße, der Besitz, die Weiden und Äcker, handtuchförmig ausgestreckt hinter jedem Hof bis weit in das flache Land hinein. Der Mensch hat die Natur gezeichnet mit bäuerlichem Nutzungswillen, alles ist ausgemessen und zugeordnet, die Ackerstreifen bis zu 1300 Meter lang, manchmal nur sechs Meter breit. Wiedensahl im Königreich Hannover, 140 Häuser, 850 Einwohner, ein Hagen-Hufen-Dorf aus dem 13. Jahrhundert, zwischen Stadthagen und dem Kloster Loccum, nahe dem Steinhuder Meer. Übersichtlich scheint alles, die Verhältnisse geordnet, bescheidener Wohlstand oder Armut je nach Geburt vorbestimmt.

Dass in diese Strenge hinein am 15. April 1832 ein Humorist geboren wird, scheint auf den ersten Blick verwunderlich. Auch ein Blick in die Ahnenreihe lässt wenig Scherzhaftes erwarten. Väterlicherseits sind es ausschließlich bäuerliche Vorfahren, mütterlicherseits Wundärzte, Apotheker, Pfarrer, der Reformator Corvinus, Hofräte, Bürgermeister und Handwerker. Und doch gibt es beiderseits etwas, das der Norm nicht entsprach.

Friedrich Wilhelm Busch, der Vater, Bauernsohn aus dem westfälischen Ilvese bei Minden, war vorehelich geboren, und Wilhelm Busch hieße Wilhelm Emme, hätte nicht der Großvater Busch darauf gedrungen, dem Enkel auch nach der Heirat seiner Tochter mit dem Kindsvater den Namen Busch zu belassen.

Einen schweren, wenn auch für die Zeit wohl nicht so ungewöhnlichen Lebensweg hatte Wilhelm Buschs Mutter hinter sich, bevor sie 1831 Friedrich Wilhelm Busch heiratete. Henriette Dorothee Charlotte Busch, geborene Kleine, war vorher mit dem Wundarzt Friedrich Wilhelm Stümpke verheiratet gewesen und hatte drei Kinder, die alle drei starben. 1829 starb auch ihr Mann und sie war mit 28 Jahren Witwe.

Friedrich Wilhelm Busch, auch das eine Abweichung vom vorbestimmten bäuerlichen Lebensweg, hatte sein Heimatdorf früh verlassen und im Kloster Loccum eine Kaufmannslehre durchlaufen. Nach der Heirat übernahm er einen kleinen Kramladen in Wiedensahl, den seine Frau zwischenzeitlich betrieben hatte. Die Buschs brachten es mit händlerischem Geschick und unermüdlichem Fleiß dazu, ihre schnell wachsende Familie ernähren zu können und 1847 ein neues, größeres Haus an das alte anzubauen. *Beide lebten einträchtig und so häuslich, daß einst über zwanzig Jahre vergingen, ohne daß sie zusammen ausfuhren.* So Wilhelm Busch in seiner Autobiographie über seine Eltern.

Kaufleute in bäuerlicher Umgebung also, für die es überlebensnotwendig war, sich den Wünschen ihrer Umwelt anzupassen. Für die eigenen Wünsche blieb da nicht viel. Arbeiten und Zusammenhalten bestimmte das Leben und schon die kleinsten Abweichungen, die bescheidensten Träume mussten als Bedrohung erscheinen. Die musste jeder mit sich selbst abmachen, die nahm jeder in seine Einsamkeit mit.

Mein Vater war Krämer, klein, kraus, rührig, mäßig und gewissenhaft; stets besorgt, nie zärtlich; zum Spaß geneigt, aber ernst gegen Dummheiten. Er rauchte beständig Pfeifen, aber, als Feind aller Neuerungen niemals Zigarren, nahm daher auch niemals Reibhölzer, sondern blieb bei Zunder, Stahl und Stein oder Fidibus. Jeden Abend spazierte er allein durchs Dorf, zur Nachtigallenzeit in den Wald.

Was Wilhelm Busch nicht schreibt, was er wahrscheinlich gar nicht gewusst hat, ist, dass auch sein Vater als junger Mann Gedichte geschrieben hatte. Auf den leeren Seiten eines Rezeptbuches fanden sich Verse im Stil der Biedermeierzeit, aber auch Spottverse gegen die Anmaßung vermeintlicher Poeten, Gedichte, die die Vergänglichkeit der Liebe in der Ehe betrauern, auch Kritisches gegen die Pracht des Papsttums. Themen, die auch den Sohn später in seinen Gedichten und Bildergeschichten beschäftigen sollten.

Meine Mutter, still und fromm, schaffte fleißig in Haus

Das Geburtshaus in Wiedensahl

und Garten und pflegte nach dem Abendessen zu lesen. Mehr will er über seine Mutter nicht sagen. Nur jeweils eine flüchtige Skizze ist bekannt, mit denen er Mutter und Vater dargestellt hat. Die Mutter sieht man auf einem Stuhl sitzend von hinten, ein Enkelkind sieht ihr über die Schulter. Der Vater ist nur zur Hälfte zu sehen, die Pfeife nicht zu Ende gestaltet. Dabei hat Wilhelm später manchmal tagelang gezeichnet, was ihm nur vor die Augen kam. Die alten Leute in Wiedensahl, die ihn noch persönlich kannten, haben berichtet, dass sie weggelaufen seien, wenn Wilhelm mit dem Zeichenstift nahte.

Die Geschichte der Beziehung zwischen Eltern und Sohn ist eine Geschichte der verpassten oder unterdrückten Gespräche, der fehlenden Offenheit. Zuneigung wird gewährt, Strafe erteilt, alles wohldosiert als Mittel der Erziehung eingesetzt. Für Spontanes, für Gefühle ist wenig Platz.

Aber da ist die Sehnsucht nach menschlicher Nähe, nach Wärme, nach einem Zuhause, nach wortlosem Verstehen. Aus der verklärten Erinnerung beschreibt Wilhelm ein Idyll seiner Kindheit:

Mein gutes Großmütterlein war zuerst wach in der Früh. Sie schlug Funken am P-förmigen Stahl, bis einer zündend ins ›Usel‹ sprang, in die halbverkohlte Leinwand am Deckelkästchen des Feuerzeugs, und bald flackerte es lustig in der Küche auf dem offenen Herde unter dem Dreifuß und dem kupfernen Kessel; und nicht lange, so hatte auch das Kanonenöfchen in der Stube ein rotglühendes Bäuchlein, worin's bullerte.

Als ich sieben, acht Jahre alt war, durft ich zuweilen mit aufstehen, und im Winter besonders kam es mir wonnig geheimnisvoll vor, so früh am Tag schon selbstbewußt in dieser Welt zu sein, wenn ringsumher noch alles still und tot und dunkel war. Dann saßen wir zwei, bis das Wasser kochte, im engen Lichtbezirk der pompejanisch geformten zinnernen Lampe. Sie spann. Ich las ein paar schöne Morgenlieder aus dem Gesangbuch vor. Gesangbuchverse, biblische

Geschichten und eine Auswahl der Märchen von Andersen waren meine früheste Lektüre.

Behagliche Augenblicke. Die Eltern fehlen.

Augenblicke vergehen. Man darf sich nicht einfach fallen lassen im Vertrauen darauf, dass alles so kommt, wie man es sich wünscht. Selbst hinter der schönsten Idylle lauert Bedrohung:

Was weiß ich denn noch von meinem dritten Jahr? Knecht Heinrich macht schöne Flöten für mich und spielt selber auf der Maultrommel, und im Garten ist das Gras fast so hoch wie ich, und die Erbsen sind noch höher; und hinter dem strohgedeckten Hause, neben dem Brunnen, stand ein Kübel voll Wasser, und ich sah mein Schwesterchen drin liegen wie ein Bild unter Glas und Rahmen, und als die Mutter kam, war sie kaum noch ins Leben zu bringen.

Er ist das erste Kind seiner Eltern, aber das vierte Kind seiner Mutter. Hinter der sichtbaren Welt ist ein schwarzer Abgrund. Umso mehr müsste man zusammenstehen. Aber die Eltern sind beschäftigt.

Ein freundliches Nahesein ist immer gut, schreibt er später in einem Brief. *Das weiß Keiner beßer als ich, der in den Kinderjahren die Bangigkeit gründlich studiert hat.*

Die Bangigkeit? Woher kommt sie? Ist er nicht wohl behütet? Hat er nicht ein Dach über dem Kopf? Ist nicht alles geregelt für ihn? Hat der Sohn des aufstrebenden Krämers es nicht vergleichsweise besser als andere Kinder seiner Zeit?

Da sind zum Beispiel die Hütekinder. Barfuß und mit zerrissenen Kleidern ziehen sie am Haus vorbei. Für einen Hungerlohn treiben sie die ihnen anvertrauten Kühe ins Feld. Machen einen hundsföttischen Lärm dabei. Warum fühlt er sich zu denen hingezogen?

Die Regeln und Verbote seines Kinderlebens halten ihn im Zaum. Der streng nüchterne Einfluss der protestantischen Kirche weist keinen Weg zu ausgelassener Lebensfreude. In den ersten neun Jahren seines Lebens in Wiedensahl, seinen Weltentdeckerjahren, entdeckt er als Erstes die Enge. Aufbegehren zwecklos. Die Kinderdressurakte, die man Erziehung nennt, halten ihn nieder. Dass da in ihm noch etwas anderes ist, bereitet ihm ein schlechtes Gewissen. Gegen die pflichterfüllenden, treu sorgenden Eltern darf man nicht undankbar sein. Aus der Kindheit wächst ihm ein Schuldgefühl, das ihn sein Leben lang begleiten wird.

39 Jahre alt, von der Welt gefeiert und verehrt, treibt ihn selbst die Erinnerung noch zu Scham:

Das Krähen des Hahns, der der Hel geweiht, ist freilich bedeutungsvoll. Den Dieben und Kranken, den armen Sündern und Gespenstern tönt vor Allen sein mahnender Ruf. Petrus ging hinaus und weinte bitterlich. Ich selber habe ihn oft gehört, wenn ich in der Fremde vom nächtlichen Gelage kam; er rief mir dann ein wohlbekanntes ländliches Haus vor die Seele, das Haus meiner Eltern.

Wiedensahl, das ausgemessene Fleckchen Erde, das Elternhaus, trotz allem bleibt es eine innere Instanz. Aber er hat sich nie wirklich dazugehörig gefühlt. Von Herkunft und Stand, bald auch von eigener unruhiger Suche getrieben, sind ihm die Menschen im Dorf fremd geblieben, so wie auch er für sie ein Fremder war. Umso heftiger hat er sein Wiedensahl zur Idylle verklärt. Den frommen Selbstbetrug, den beißenden Schmerz, hat er in sich vergraben.

Früh schon und in vielen Ausprägungen hat er die Kehrseite des Lebens zur Kenntnis genommen. Manchmal ist er dabei über sich selbst erschrocken.

Nur einmal, noch ganz in dunkler Früh, wurd ich aufgeschreckt und schmerzhaft horchend wach erhalten durch die Wehklagen eines der vielen Schweine, welche der Genußsucht alljährlich zum Opfer fallen. Jetzt wird's herausgezerrt aus dem lieben, duftenden Stalle; jetzt liegt's geknebelt; jetzt der Stich; Notwehr geboten und heftig ausgeübt; Blutverlust fast beruhigend, scheint's; dann aber erst recht, dicht vor der Todesgewißheit, der höchste, gräßlichste Unmuth; dann röchelnde Entsagung; zuletzt Stille mit Nachdruck. Die Metamorphose in Wurst kann beginnen. Wahrlich! Gewisse Dinge sieht man am deutlichsten mit den Ohren.

Haben Sie jemals den Ausdruck von Kindern bemerkt, wenn sie dem Schlachten eines Schweines zusehen?, fragt er in einem Brief.

Das Leiden, die Marter hat vielmehr etwas schauderhaft

Anziehendes, es bewirkt Grauen und Ergötzen zugleich … Tod, Grausamkeit, Wollust – hier sind sie beisammen.

Das alles gehört zu ihm, das alles ist seine Kindheit. Zum Lachen war da nicht viel.

Nur drei Jahre lang besucht er die Volksschule in Wiedensahl. Wie viel Prügel er vom Lehrer Bohnhorst eingesteckt hat, darüber schweigt er sich, wie über vieles andere – er nennt es die »Peinlichkeiten des Lebens« – gründlich aus.

Der Ablauf der Jahreszeiten, das Wachsen und Gedeihen der Pflanzen im Garten hinter dem Haus, Sommerhitze, Gewitter, Herbststürme und Schneefall beeindrucken ihn stark. Seine Naturliebe ist keine Naturschwärmerei. Auch die wilde, ungezähmte Seite der Natur ist ihm von Anfang an vertraut. Schon bald wird er sie auch an sich selbst entdecken.

Seine scharfe Beobachtungsgabe lässt ihn an der Vernunft und Einsichtigkeit der Erwachsenen zweifeln. Wie es sein müsste, »die freundliche Nähe«, die Welt der Wünsche, Träume, Utopien und die des wirklich gelebten Lebens, die Welt des Nützlichkeitsdenkens, der abgezirkelten Berechnung – das scheint ihm ein für alle Mal wie durch eine unüberwindliche Mauer voneinander getrennt.

Im Abstand von zwei, dann drei Jahren werden seine Geschwister geboren. 1834 Fanny, 1836 Gustav, 1838 Adolf und 1841 Otto. Im Haus des Krämers wird es allmählich eng. Da beschließen seine Eltern, ihn, den Ältesten, dem Bruder der Mutter, Pfarrer Georg Kleine in Ebergötzen bei Göttingen, zu übergeben.

Wilhelm kennt den »Bienenonkel« aus Erzählungen und von kurzen Besuchen. Der Onkel war freundlich, verständnisvoll und gütig. Trotzdem: Mit neun Jahren hat Wilhelm gerade begonnen, seine Umgebung bewusst wahrzunehmen und mit den Menschen, die um ihn sind, langsam vertraut zu werden. Da wird er weggeschickt. Noch einmal muss er von Anfang an lernen.

Am Abend vor der Abreise steht Wilhelm vor der Regentonne im Garten, über die der weiße Rosenstrauch hängt. Er plätschert mit der Hand im Wasser und denkt wehmütig an die Geschichten, die für ihn angefangen haben und nun von einem Tag auf den anderen abbrechen werden. Krischan, Kord, Hinnerk, Johann. Das Dabeisein, ohne viel fragen zu müssen. Geschichten, die bis heute für ihn die Welt gewesen sind. Die geheimste Geschichte hat den Titel *Christine.* Er sagt den Namen leise vor sich hin, dann fährt er mit der Hand durch das Wasser, bis die Wellen gegen die Tonnenwand klatschen.

Im Morgengrauen brechen sie auf. Der Leiterwagen wird beladen. Den meisten Platz nimmt der Kasten des alten Klaviers ein. Das gespreizte Beingestell passt nicht auch noch auf den Wagen. Kurzerhand wird entschieden, es in Wiedensahl zurückzulassen.

Knecht Heinrich spannt das dicke Pommerchen in die Scherdeichsel. Großmutter, Mutter, ein Kindermädchen, seine drei Geschwister und Wilhelm besteigen den Wagen. Der Vater bleibt zu Hause.

Die Sterne stehen noch am Himmel, da rumpeln sie aus dem Dorf hinaus. Durch die Felder und durch den Schaumburger Wald. Im Klavierkasten tunkt es, ein Rudel Hirsche springt über den Weg. Sie fahren über die Grenze der Welt hinaus, die der neunjährige Wilhelm sich bis jetzt hat denken können. Zweimal übernachten sie bei Verwandten, dann erreichen sie ohne Zwischenfälle das Pfarrhaus in Ebergötzen.

Max und Moritz. Erich Bachmann und Wilhelm Busch.
Gezeichnet vom jungen Wilhelm Busch

Ach, was muß man oft von bösen
Kindern hören oder lesen …

II
Moritz trifft Max

Er ist ganz anders als Harmschlüters Hinnerk. Anders auch als Krischan oder Johann oder Kord. Aber eins hat er mit ihnen gemeinsam: den festen, bedenkenlosen Blick, der aufs Erleben aus ist, aufs Ausprobieren und Machen, koste es, was es wolle.

Wie bestellt, schon am ersten Tag nach Wilhelms Ankunft in Ebergötzen, steht Erich Bachmann im Pfarrgarten; der Onkel lächelt und entlässt sie beide zu einem Streifzug durchs Dorf.

»Wo kommst du denn her?«, fragt Erich.

»Aus Wiedensahl«, antwortet Wilhelm.

»Nie gehört.«

»Ist auch weit weg. Drei Tage mit der Kutsche.«

Erich pfeift anerkennend durch die Zähne.

»Und jetzt wohnst du bei Pastors?«

»Ja.«

Auch das ist offenbar ein Pluspunkt. Erich nickt, und Wilhelm, der schon dabei war, sich alle Vorzüge seines Heimatortes in Erinnerung zu rufen, um bei einem zu erwartenden Dorfvergleich nicht schlechter abschneiden zu müssen, wundert sich, dass Erich nichts weiter wissen will.

Das Dorf hat Ecken und Winkel, es geht bergauf und bergab und Wilhelm, der Flachländer, hat schon bald die Orientierung verloren. Aber Erich schleust ihn, seines Weges offenbar ganz sicher, über Gartenzäune und Mauern, über Höfe und offen stehende Scheunen, an bellenden Hunden und zischenden Gänsen vorbei, über den Bach; und auf einmal stehen sie vor einem großen, hölzernen Mühlrad, das sich, vom vorbeifließenden Wasser getrieben, knarrend und gleichmäßig dreht.

»Da wohn ich«, sagt Erich.

Jetzt ist auch Wilhelm voller Bewunderung.

Lange rührt er sich nicht vom Fleck und bestaunt wortlos das riesige Mühlrad; beobachtet, wie die Schaufeln eintauchen, wie das Wasser im Mühlgraben abläuft.

»Bei uns haben wir nur Windmühlen«, sagt er schließlich und hat schon vergessen, dass er sich damit bei seinem Begleiter in Nachteil bringen könnte. Ohne weiter zu fragen, zieht Erich ihn mit sich, um das Haus herum, über den Hof, zur Haustür rein und zeigt ihm das Innere der Mühle.

In einen Trichter, der aussieht wie ein gefräßiges, weit geöffnetes Maul, werden Getreidesäcke entleert, hölzerne Zahnräder greifen eins ins andere; es staubt und rattert und ruckelt. Ein Müllergeselle verscheucht sie mit Handzeichen aus der Nähe des Laufwerks. Man könnte sein eigenes Wort nicht verstehen.

Ein anderer Geselle schleppt prall gefüllte Maltersäcke treppauf und treppab, auf seinem Gesicht klebt eine Staubschicht, von Schweißrinnen durchbrochen.

Unten treffen sie auf den Müller, Erichs Vater, der mit einem Bauern herumbrüllt, aber, wie sich heraushören lässt, nur über das Wetter redet.

Erich schiebt sich vorbei, der Vater sieht sie beide, beachtet sie aber nicht weiter. Unvorstellbar, denkt Wilhelm, er wäre mit einem fremden Jungen durch den Kaufladen oder auf den Wiedensahler Speicher gegangen.

Auf dem Weg zum Pfarrhaus zurück machen sie einen kleinen Bogen den Hang hinauf. Es ist ein warmer Septembertag, die Kühe, Schafe und Ziegen weiden noch auf den eng abgesteckten Wiesen und Obstgärten dicht hinter den Häusern.

»Mal sehen«, flüstert Erich geheimnisvoll. »Vielleicht haben wir Glück.«

Er schleicht durch Hinterhöfe, unter Zäunen hindurch, vorbei an glotzenden Kuhaugen und Wilhelm folgt ihm ohne Rücksicht auf seine Kleider.

Vor ihnen stehen Obstbäume, knorrig verwachsene Stämme, ein Birnbaum am Rand überragt die anderen, wirft einen dunklen Schatten ins Gras. Dahin zeigt Erich jetzt und drückt den Zeigefinger auf die Lippen.

Auf allen vieren pirschen sie sich an den Birnbaum heran. Erich teilt die langen Grashalme vor ihren

Augen, und ein Hab-ich-nicht-gewusst-Lächeln strahlt über sein Gesicht. Jetzt reckt auch Wilhelm den Hals, und da sieht er den stoppeligen Graubart im Gras liegen, einen langen, verbogenen Spieß im Arm, zerlumpte Kleider, vorn aufgeplatzte Schuhe. Er schnarcht aus zahnlosem Mund. »Krrrch«, macht er, wenn er einatmet, und »Püüüh«, wenn er die Luft mit spitzen Lippen von sich bläst. Das rasselnde »Krrrch« und das pfeifende, melodische »Püüüh« sind wie Bruchsteingeröll und Vogelgesang. Der alte Mann schläft mit tiefem Genuss, sein Brustkorb hebt und senkt sich unter dem zerschlissenen Hemd.

Erich stößt Wilhelm an, grinst, pult einen kleinen krumm gewachsenen Zweig aus dem Gras und fährt dem Alten damit leicht über den grauen Stoppelbart. Erst tut sich nichts, aber dann macht der Mann seltsam schnappende Bewegungen mit dem Kinn, dann lässt er es vorgestreckt und mahlt die Kiefer aufeinander, als würde er genussvoll dem Sonntagsbraten nachschmecken.

Siegessicher und zufrieden erhebt Erich sich und lacht dem längst sprungbereiten Wilhelm ins zweifelnde Gesicht. Lachend umkurvt Erich die Obstbäume und trabt den Häusern entgegen. Wilhelm läuft hinter ihm her.

»Der alte Tanne«, sagt Erich atemlos. »Alle im Dorf nennen ihn ›Bettelvogt‹. Bisschen plemplem, wenn du weißt, was ich meine. Aber harmlos. Isst mal hier und mal da. Schläft auf Heuböden und in Pferdeställen. Im Sommer im Gras.«

Erich genießt seinen Triumph. Er boxt Wilhelm in die Seite, und als sie vor dem Pfarrhaus stehen, macht Erich: »Krrrch!« Ohne zu zögern, antwortet Wilhelm: »Püüüh!« Sie hauen sich auf die Schultern, dass es brennt; bis morgen also, das ist doch ganz klar. Der Onkel hat nichts dagegen. Selbst der Vater würde nichts einwenden können, denkt Wilhelm. Der Sohn des Müllers. Das war schließlich was anderes als der warzenrunzlige Johann aus dem Armenhaus.

Im Sommer dann sind sie längst Freunde und nicht nur der alte Tanne hat das zu spüren bekommen. Dem Müller sein Erich und Pastors Neffe, die gehören zusammen, denen spitzt der Schalk aus den Augen, die sticht der Hafer, und die Bauern von Ebergötzen wundern sich, dass der Pastor Kleine, der sie doch beide privat unterrichtet, nicht öfter mal eingreift. Aber die richtige Kirchenfrömmigkeit ist des Pastors Sache ja auch nicht, der gibt sich noch mit ganz anderen Sachen ab; die Bienen sind sein Ein und Alles, und mit Halleluja und Gottesfurcht hat er nicht viel am Hut.

»Komm«, sagt Erich an einem heißen Hochsommertag. »Wir gehen baden.«

Draußen vorm Dorf, im Hacketal, da wo die Straße von Waake und Göttingen herkommt, fließt der Bach durch sumpfige Wiesen und ist von Sträuchern und Weiden gesäumt. Sie finden eine flache morastige Stelle am Ufer, werfen ihre Kleider ins Gras und springen ins Wasser. Es reicht ihnen bis zu den Knien. Ein-, zweimal tauchen sie unter, dann bespritzen sie sich gegenseitig mit lautem Gejohl.

Außer Atem staksen sie ans Ufer zurück. Angenehm kühl quillt der Schlamm zwischen den Zehen hindurch. Wilhelm bleibt stehen und sieht an sich hinunter. Bis über die Fußknöchel steckt er im Schlamm.

»Man müsste sich mal ganz einbacken«, sagt Wilhelm. »Von oben bis unten. Wie man dann aussieht?«

Erich ist sofort Feuer und Flamme. Sie legen sich nebeneinander und räkeln sich im Morast. Dann stehen sie auf und betrachten die Abdrücke ihrer Körper im Schlamm. Eben noch waren sie da selber, jetzt sind da Figuren, denen man Namen geben sollte.

»Peter und Paul«, sagt Wilhelm.

Erich grinst.

Gegenseitig bekleistern sie sich die Rückenpartien, die Vorderfront besorgt jeder selber. Die Gesichter zuletzt. Dann liegen sie reglos in der Sonne und warten darauf, dass ihre neue Schutzschicht trocken und hart wird.

»So müsste man mal durchs Dorf gehen«, sagt Erich. »Keiner würde uns erkennen.«

»Wir wären Peter und Paul«, nickt Wilhelm.

Wagen würde er es nicht. Manche Sachen durfte

man sich eben nur vorstellen. Aber das waren immer die besten.

Mücken schwirren durch die Luft, im schattigen Wald zwitschern die Vögel. Sonst ist alles friedlich und still. Nur einmal meint Wilhelm aus den Augenwinkeln zu sehen, wie hinter den Sträuchern am jenseitigen Ufer des Bachs etwas davonhuscht, und sofort durchfährt ihn ein heißer, freudiger Schreck. Hannchen Lovis, denkt er, das blondlockige Mädchen aus der Papiermühle ein paar hundert Meter den Bach hinauf. Sie haben sie schon ein paar Mal beim Forellenfangen hier in der Gegend getroffen. Hannchen hat gelacht über ihre Einfälle und freundlich mit ihnen geredet, besonders mit Wilhelm, so schien es ihm. Als würden sie sich lange schon kennen. Dabei ist sie viel älter als er, 18 wohl schon, aber das macht ihm nichts aus. Über sich selbst verwundert stellt er fest, dass es ihm nicht unangenehm wäre, hätte Hannchen ihn so gesehen. Aber nie, niemals würde er darüber sprechen. Auch nicht mit Erich. Selbst mit ihm kann er längst nicht über alles reden, was ihm so durch den Kopf geht. Er rührt sich nicht vom Fleck, schielt nur noch einmal zu den Sträuchern hinüber, kann aber nichts weiter entdecken. Dann schließt er die Augen und spinnt sich in Träume ein, von denen Erich nichts ahnt: Eine Feuersbrunst bricht aus, und Wilhelm rettet Hannchen vor dem sicheren Tod. Selbst bezahlt er dafür mit seinem

Leben, er liegt vor ihren Füßen, und Hannchen weint und weint und weint ... – Nein, das ist ihm für heute zu tragisch. Lieber die andere Art: Im Traum kann er fliegen. Hoch und weit hinaus, von einem Baumwipfel zum anderen, wohin er nur will. Und Hannchen steht da mit offenem Mund und ist starr vor Bewunderung ... – Ja, das ist gut für diesen heiteren Tag. Wilhelm liegt in der Sonne, träumt sich weit weg, und als er das Gesicht zum Lächeln verzieht, merkt er, der Lehmpanzer ist hart.

Ein anderes Mal sind sie unterwegs, um die ausgelegten Vogelfallen zu kontrollieren. Erich ist ein Meister im Herstellen von Fallen. Mit großem Geschick hat er das Geflecht von Pferdehaaren an ausreichend starken Ästen befestigt und mit Vogelbeeren beködert. Er hat Sprenkelkästen gebaut mit krumm gespannten Weidenruten als Schließfedern.

Sie haben Erfolg. In einem Drohnengeflecht hat sich eine junge Schwarzdrossel verheddert. Als Erich sie in den selbst gebauten Käfig setzt, pickt sie ihm die Hand blutig und schlägt mit den Flügeln zuckend gegen den Draht.

»Na warte, du Biest!«, schimpft Erich und saugt sich das Blut vom Handrücken. »Das werden wir dir abgewöhnen!«

Nach zwei Tagen sitzt der Vogel mit eingezogenem Kopf reglos in der Ecke des Käfigs und verschmäht alle Körner.

»Na also. Jetzt bist du gezähmt. Ab morgen werden wir dich was lehren. Es soll Drosseln geben, die können richtig reden.«

Wilhelm ist nicht so wohl bei der Sache. Aber vor Erich will er nicht als Muttersöhnchen erscheinen und schlägt vor, dem Vogel die Deklinationen beizubringen, die sie gerade beim Onkel Kleine durchgenommen haben.

»Und wenn du nicht spurst«, droht Erich dem Vogel, »dann kommst du zum Lehrer Wichmann in die Volksschule, da kannst du schön was erleben!«

Aber am nächsten Tag ist der Vogel tot und sie werfen ihn auf den Misthaufen hinter der Mühle.

Manchmal sind sie im Gasthaus zur Post. Im Hinterzimmer steht ein Klavier, und Wilhelm kann mit dem, was er mehr schlecht als recht zusammenklimpert, sogar Bewunderung finden bei den Dienstmägden und auch bei Heinrich Brümmer, dem Wirt, dem die pechschwarzen Haare aus Ärmel und Kragen quellen. Überall hat der Mensch Haare. Mit ledernen Klapppantoffeln und mit beständig wiederholter Klage, er sei zu gut für diese Welt, schlurft Heinrich Brümmer durch die Räume seiner Wirtschaft, angekündigt von kräftigen Schnupftabakexplosionen.

Wenn Wilhelm Klavier spielt, wird es Erich schnell langweilig. Er schleicht davon, inspiziert Gaststube und Kegelbahn, sieht nach den Hunden und Katzen draußen im Hof oder beguckt sich Heinrich Brümmers Trost und Stolz, die Blumenbeete im Garten, und überlegt, wie man die selbst angepriesene Geduld des Gastwirts auf eine Probe stellen könnte.

Währenddessen sitzt Wilhelm im Hinterzimmer und blättert in Büchern und Zeitschriften, die er auf dem Klavier gefunden hat. Viel versteht er nicht von dem, was er da liest, aber den aufbegehrenden Ton der Schriften spürt er sehr wohl heraus. Gott – ist das am Ende nur eine Erfindung der Menschen? Was gibt es denn, wenn es Gott nicht gibt?

In solche Gedanken verstrickt, zieht er die Haustür hinter sich zu und steigt die Stufen der Steintreppe hinab.

Auf dem Hof steht Brümmer mit Erich und vor ihnen der junge Jagdhund Hasso, den der Wirt vor vierzehn Tagen vom Förster Bornebusch in Hattorf gekauft hat.

»Platz! Mach Platz!«, brüllt der Gastwirt schon sichtlich erregt. Der Hund glotzt zu ihm hinauf und rührt sich nicht.

»Er versteht eben nur Platt!«, lacht Erich voll Schadenfreude.

Das bringt den schwarzhaarigen Wirt noch mehr in Rage.

»Mach Platz, du Mistvieh!«, brüllt er das Tier an und tritt ihm auf die Pfoten. Der Hund jault schmerzvoll auf, zieht den Schwanz ein und versucht wegzulaufen.

»He, Meister Brümmer!«, ruft Wilhelm da. »Ich denke, Ihr seid zu gut für diese Welt?«

Der Wirt fährt herum. Mit zwei, drei Sätzen ist er bei Wilhelm und platsch, schlägt er ihm auf die Wange.

»Du naseweiser Rotzbengel, du!«

Wilhelm fasst sich an die brennende Backe, dreht sich um, läuft vom Hof und nimmt sich vor, ihn niemals wieder zu betreten. Aber dann ist Erich neben ihm, bewundert seinen Mut und sagt: »Nächstes Mal bist du schneller als der in seinen Latschen.«

In vierzehn Tagen ist alles vergessen. Wilhelm sitzt wieder auf dem Hocker hinter dem Klavier, liest »Die Throne im Himmel und auf Erden« und rätselt über den Widerspruch zwischen der Allmacht Gottes und dem freien Willen des Menschen. Und Heinrich Brümmer führt ihnen vor, wie brav Hasso Platz machen kann.

Eines Abends sehen sie den alten Gottlob Wenzel auf den Stufen zum Kirchplatz sitzen. Kein vernünftiger Mensch setzt sich da hin. Oben, ein paar Schritte weiter nur, ist die Bank rund um die alte Linde; da treffen sich nach Feierabend die jungen Mädchen und Burschen und singen und lachen und reden und streiten. Gottlob Wenzel, der allabendlich abseits auf dem kalten Stein sitzt, Pfeife raucht und unergründlich lächelt, ist oft genug geduldiges Ziel ihres Spotts. Und er ist auch ein leichtes Opfer für Erich und Wilhelm.

Die Bank ist noch leer, niemand scheint in der Nähe, die Pfeife liegt noch unbenutzt neben ihm, und Gottlob Wenzel genießt mit halb geschlossenen Augen die letzten Strahlen der Abendsonne.

»He, aufwachen, Gottlob!«, ruft Erich.

Der alte Mann sieht sie an und lächelt versonnen.

Jetzt ist Wilhelm an der Reihe. Mit Gottlob muss man reden wie mit einem kleinen Kind, hat Erich gesagt. Er leidet an Blödigkeit.

»Pastor Kleine schickt uns«, sagt Wilhelm. »Er schenkt dir von seinem Tabak.«

Ohne eine Antwort abzuwarten, die ohnehin nur in Lächeln besteht, nimmt Wilhelm die Pfeife und stopft sie randvoll mit Kuhhaaren, die sie sich aus Bachmanns Stall besorgt haben.

»Bester Eichsfelder Krauter«, sagt Erich, während Wilhelm sorgfältig stopft.

Gottlob Wenzel nickt zufrieden, und als Wilhelm ihm die Pfeife reicht, steckt er sie widerspruchslos in den Mund. Dienstbeflissen reibt Wilhelm ein Zündholz an, es qualmt und knistert gewaltig im Pfeifenkopf, aber das selige Lächeln auf Gottlob Wenzels Gesicht bleibt ganz unverändert.

Zwei junge Burschen kommen die Straße herauf, und weil der erwartete Erfolg immer noch ausbleibt, ruft Erich ihnen zu: »Gottlob raucht Ochsenkraut! Gottlob raucht Ochsenkraut!«

Aber plötzlich schlägt die Kirchentür zu, der Onkel Kleine kommt mit langen, eiligen Schritten über den Kirchplatz. Wahrscheinlich hat er alles mit angesehen und gehört. Ärgerlich sieht er aus, gar nicht milde und freundlich wie sonst. Erich zieht es vor, das Weite zu suchen. Für Wilhelm gibt es kein Entrinnen.

»Ich werd dich lehren!«, schimpft der Onkel. »Was du dem Geringsten tust, das tust du mir!« Er reißt einen trockenen Georginenstängel vom Wegrand und schlägt damit drei-, viermal auf Wilhelms Hintern, bis der Stängel zerbricht.

Weh tut es nicht. Aber schmachvoll zieht Wilhelm mit dem Onkel davon. Die beiden jungen Burschen lachen hämisch. Und Gottlob Wenzel sitzt auf der Treppe, sieht auch dieser Szene freundlich lächelnd zu und schickt immer noch schwarzrauchigen Qualm in die Luft.

An einem Spätsommertag steigen sie wieder durch die Hinterhöfe. Die Birnen sind reif. Diese Köstlichkeit wollen sie sich nicht entgehen lassen. Erich weiß genau, wann die beste Zeit ist, die Obstgärten ungesehen zu plündern. Im Gras liegt viel Fallobst. Die Wespen machen sich daran zu schaffen. Und da hinten unter dem großen Birnbaum liegt auch wieder der alte Tanne.

Sie schleichen sich an wie beim vorigen Mal. Auf allen vieren durchs Gras. Aber als sie näher kommen, hören sie kein Schnarchen.

Wieder nimmt Erich einen kleinen Stock von der Erde auf, beugt sich vor, streckt den Arm aus, aber plötzlich verharrt er in der Bewegung.

Die Bartstoppeln sehen heute viel heller aus als sonst. Sind auch länger. Der Kopf zur Seite geneigt, die Augen starr und glasig. Der Mund steht offen und irgendwie schief. Zwei Fliegen laufen hinein und heraus.

Erichs Hand zittert. Dann schleudert er den Stock von sich und springt auf.

»Da ist kein Leben mehr drin!«, schreit Erich.

Sie rennen los und achten auf kein Hindernis.

Wie gut ist es, in Bewegung zu sein. Den Atem zu spüren, das Blut in den Adern und den jagenden Puls.

Sammelbilder
1841–1851

Wilhelm ist schon seit drei Monaten in Ebergötzen, da schickt er endlich ein Lebenszeichen nach Wiedensahl. In gestochen sauberer Schrift, die Hand vom Onkel geführt, schreibt er kurz nach Weihnachten 1841:

Theure Eltern

Ihr habt gewiß schon lange nach einem Briefe von mir ausgesehen, und ich habe auch im stillen daran gedacht, wie lieb Euch eine kleine Nachricht von mir sein würde. Aber da ich noch nicht ganz ohne Onkels Hülfe an Euch schreiben kann, Onkel aber seit einiger Zeit so viel zu thun hatte, daß ich ihn nicht mit meinen Bitten zur Last fallen wollte, so habe ich meinen Brief bis nach dem Feste verschoben, schreibe nun auch gleich und laße Euch nicht länger auf ein Lebenszeichen von mir lauren …

Die Festtage habe er ziemlich still zugebracht. Er ist der Einzige im Pfarrhaus, der zu Weihnachten Geschenke empfangen hat. Artig bedankt er sich für die neue Hose und das Buch von den Eltern und verspricht, recht viel daraus zu lernen.

Einen Freund habe er auch schon, teilt er mit, den Erich, den Sohn des Müllers Bachmann. Um die Eltern über diese Freundschaft zu beruhigen und positiv zu stimmen, stellen Onkel und Neffe den Freund gleich im Zusammenhang mit dem Lernen vor. Die Nachmittagsstunden haben sie nun gemeinsam, berichtet Wilhelm, *wodurch es sich um so beßer lernen lässt, weil der eine es immer beßer machen will, als der andere. Ferien haben wir in dieser Zeit nicht gehabt; bloß den letzten Tag vor den Feiertagen hatten wir keine Stunden. Wir gehen aber auch eben so gern in die Stunden, als daß wir frei haben.*

Ernsthaft und lerneifrig gehe es in Ebergötzen zu, davon sollen die Wiedensahler überzeugt werden. Ein anschauliches Beweismittel wird mitgeliefert. Wilhelm schreibt:

Um Euch aber doch einen kleinen Beweis zu geben, daß ich in Ebergötzen nicht so dumm geblieben, als ich hingekommen bin, und daß ich meine Zeit nicht müßig hingebracht habe, schicke ich Euch diejenigen Bücher, die ich bisher vollgeschrieben habe. Aller Anfang ist schwer, das werdet ihr auch in meinen schriftlichen Arbeiten erkennen; aber ich tröste mich mit dem Sprichwort: mit der Zeit bricht man Rosen, und verliere darum die Geduld nicht, wenn's auch langsam geht …

Onkel und Neffe haben einen Bund geschlossen. Zeigen wir dem Vater mal, wie brav wir sind, wir beide, wie sittsam und ordentlich. Dann wird er beruhigt sein. Und im Übrigen sind wir hier in Ebergötzen für uns.

Pastor Georg Kleine ist ein für die Zeit äußerst toleranter Mann, vielseitig interessiert, gleichwohl ein

Landmensch, Naturbeobachter, Verfechter des einfachen Lebens aus Überzeugung. Er ist ein leidenschaftlicher Bienenfreund. Ab 1865 hat Georg Kleine das *Bienenwirtschaftliche Centralblatt* herausgegeben und sich als Verfechter der damals neuen Fortpflanzungslehre von der Parthenogenese beim Bienenvolk einen Namen gemacht.

Der Privatunterricht beim Onkel, am Nachmittag geteilt mit dem Freund Erich Bachmann, ist abwechslungsreich und interessant. Kein Vergleich zu den zeitüblichen Paukmethoden mit Rohrstockbegleitung in öffentlichen Schulen. Naturbeobachtungen nehmen einen großen Raum ein. Das Leben, wie es ist, steht im Mittelpunkt. Und natürlich kann im Einzelunterricht das individuelle Interesse des Schülers Wilhelm Busch viel mehr Antworten finden als in einer Schulklasse.

Zeichnen gehört zu seinen liebsten Fächern. In Ebergötzen hat er damit ernsthaft und akribisch begonnen. Da ist das Selbstporträt des jungen Zweiflers. Daneben das Bild des Freundes Erich Bachmann – schon ganz künftiger Mühlenbesitzer. Moritz und Max, wie sie in Wirklichkeit waren. Früh schon zeigt sich Wilhelms Talent, mit wenigen Strichen Wesentliches zu erfassen. Der Onkel hat es unterstützt, hat ihn gewähren lassen.

Der Privatunterricht hat auch zur Folge, dass sich sein Abstand zur gewöhnlichen Welt zusehends vergrößert. Die Entdeckung, dass er anderes, dass er mehr kann als die Gleichaltrigen seiner dörflichen Umwelt, wächst sich aus bis zum Hochmut. Den zeigt er selten offen, aber die beständige Unterdrückung des Besserwissens schafft Fremdheit und Irritation. Erich Bachmann, der Freund, hält die Verbindung zum prallen, gradlinigen, oft so erschreckenden Leben.

Der Lehrer der Dorfjugend, weil nicht der meinige, hatte keine Gewalt über mich – solange er lebte. Aber er hing sich auf, fiel herunter, schnitt sich den Hals ab und wurde auf dem Kirchhofe dicht vor meinem Kammerfenster begraben. Und von nun an zwang er mich allnächtlich, auch in der heißesten Sommerzeit, ganz unter der Decke zu liegen. Bei Tag ein Freigeist, bei Nacht ein Geisterseher.

Die enge Nachbarschaft von Leben und Tod hat ihn auch in Ebergötzen tief beeindruckt. Die findet er im Märchen wieder. Märchenlesen – das nennt er noch vor dem Zeichnen bei der Aufzählung seiner Lieblingsbeschäftigungen in dieser Zeit.

Nur einmal ist der Vater aus Wiedensahl zu Besuch in Ebergötzen. Was er hört und sieht, stellt ihn zufrieden. Man muss ihm ja nicht alles auf die Nase binden. Die freireligiösen Schriften zum Beispiel auf Brümmers Klavier. Die Phantasiestürme um Hannchen Lovis. Seine einsamen Grübeleien über Gott und die Welt. Die Einzelheiten seiner Streifzüge mit Erich Bachmann. Nach solchen Sachen fragt der Vater sowieso nicht.

Friedrich Wilhelm Busch ist mit seinem Schwager zufrieden. Nachdem er das Experiment Wilhelm für gelungen hält, schickt er später auch Sohn Otto zur Erziehung zum Onkel.

Erst nach drei Jahren kommt Wilhelm zum ersten Mal wieder nach Wiedensahl. Für ein paar Wochen zu Hause auf Besuch. Seine Mutter ist gerade auf dem Weg ins Feld, da kommt er an.

Ich kannte sie gleich, erzählt er später über diese Begegnung. *Aber sie kannte mich nicht, als ich an ihr erst mal vorbeiging …*

Was für eine Verletzung für den Zwölfjährigen. Spontan vergilt er Gleiches mit Gleichem. Er geht an der Mutter vorbei, als kenne auch er sie nicht mehr.

Was bleibt, ist Bitterkeit. Am Ende ist jeder ganz allein auf der Welt, heißt die Logik. Am Ende ist von keinem etwas zu erwarten.

Fünf Jahre dauert die zweite, die bessere Kindheit in Ebergötzen. Dann steht ein neuer Abschied bevor. Familie Kleine bezieht im Herbst 1846 das geräumige Pfarrhaus in Lüthorst am Solling und mit ihr Wilhelm. Georg Kleine übernimmt die besser bezahlte Pfarrstelle von seinem Schwiegervater. Es ist das dritte niedersächsische Bauerndorf, in dem Wilhelm nun lebt.

Lüthorst in dieser Zeit ist ein armes Dorf in einem armen Landstrich, von dem viele sich abgewandt haben, um in der Neuen Welt über dem großen Teich ihr Glück zu versuchen. In Lüthorst gibt es eine grö-

Pastor Georg Kleine 1869.
Ölbild von Wilhelm Busch

ßere jüdische Gemeinde, eine geduldete Minderheit in protestantisch geprägter Umgebung.

Die Juden gehören zu den Ärmsten im Dorf. Später wird Wilhelm sie malen, den Rabbi von Lüthorst, viele jüdische Kinder. Die Ölbilder der etwa zehnjährigen Line Weißenborn werden zu den beeindruckendsten Porträts zählen, die ihm gelingen.

Einen Freund wie Erich Bachmann hat er in Lüthorst nicht. Dafür stürzt er sich umso mehr aufs Zeichnen, Naturbeobachten, Märchenlesen und auf die einsame Grübelei. Und die Unterrichtsstunden beim Onkel erweitern und intensivieren sich nun.

In den Stundenplan schlich sich nun auch Metrik ein. Dichter, heimische und fremde, wurden gelesen. Zugleich fiel mir die Kritik der reinen Vernunft *in die Hände, die, wenn auch damals nur spärlich durchschaut, doch eine Neigung erweckte, in den Laubengängen des intimeren Gehirns zu lustwandeln, wo's bekanntlich schön schattig ist, oder in der Gehirnkammer Mäuse zu fangen, wo es nur gar zuviel Schlupflöcher gibt.*

Wohin mit der Grübelei? Auch dem Onkel wird er nicht alles mitteilen können, was da in seiner Gehirnkammer herumspukt. Es fehlt an Begriffen dafür. Auch soll der Onkel nicht denken, dass er anmaßend wäre. Natürlich hat er Kants *Kritik der reinen Vernunft* noch längst nicht begriffen. Aber da ist etwas, das ihn nicht loslässt. Er will sich nicht zufrieden geben mit der Oberfläche der Dinge, er will ihnen auf den Grund gehen. Und wenn er diese Art von Lebendigkeit nicht nach außen richten kann, weil er nirgendwo ein angemessenes Echo dafür findet, muss er sie nach innen wenden, muss ganz allein damit fertig werden, egal was alle Welt dazu sagen wird. Mehr und mehr werden die *Laubengänge seines intimeren Gehirns* zu Geheimkammern, in denen er sein Bild von der Welt und den Menschen aufbewahrt, an das niemand rühren soll.

So kann er sich insgeheim auch über die Ehrfurcht fordernde Erwachsenenwelt erheben, kann ihre Schwächen durchschauen. Zwangsläufig wird ihm dadurch die Welt zur Groteske. Immer deutlicher sieht er zuerst die komische Seite des scheinbar so ernsthaften Erwachsenenalltags. Die Geburtswehen des Humoristen entstehen aus der Beobachtung der Widersprüche der Welt.

In seiner Autobiographie beschreibt er später eine Beobachtung aus Lüthorst wie eine Theaterszene. Ähnlich wird er sie in seinen Bildergeschichten oft darstellen:

Unter meinem Fenster murmelte der Bach. Gegenüber am Ufer stand ein Haus, eine Schaubühne ehelichen Zwistes; der sogenannte Hausherr spielt die Rolle des besiegten Tyrannen. Ein hübsches natürliches Stück; zwar das Laster unterliegt, aber die Tugend triumphiert nicht. Das Stück fing an hinter der Szene, spielte weiter auf dem Flur und schloss im Freien. Sie stand oben vor der Tür und schwang triumphierend den Reiserbesen, er stand unten im Bach und streckte die Zunge heraus; so hatte er auch seinen Triumph.

Ostern 1847 wird der fünfzehnjährige Wilhelm Busch in der Dorfkirche in Lüthorst von seinem Onkel konfirmiert. »Es verwunderte und ergötzte ihn noch der Gedanke daran, dass er und seine dörflichen

Mitkonfirmanden in schwarzen Schoßröcken und Zylindern zu dieser Feier erscheinen mussten«, weiß sein Neffe später zu berichten.

Konfirmation bedeutet damals auch den offiziellen und endgültigen Schlusspunkt unter die Kindheit. Der »Ernst des Lebens« begann. Der Eintritt in die Arbeitswelt stand bevor.

Nach dem Wunsch des Vaters soll Wilhelm Maschinenbauer werden. Um dieses handfeste und zukunftssichere Ziel zu erreichen, muss er die Polytechnische Schule in Hannover besuchen. Der Privatunterricht von Onkel Kleine hat ihn auf diese Art von Karriere denn doch nicht sonderlich gut vorbereitet. Er kann anderes, ihn interessiert anderes. Dennoch fügt er sich.

Sechzehn Jahre alt, ausgerüstet mit einem Sonett und einer ungefähren Kenntnis der vier Grundrechnungsarten, erhielt ich Einlaß zur Polytechnischen Schule in Hannover.

Für einen Besuch in Wiedensahl bleibt keine Zeit. Dort ist man beschäftigt mit dem Bau des neuen Hauses. So geschieht sein »Eintritt ins Leben« ohne die Nähe der Eltern. Zu Fuß und mit dem Omnibus reist er von Lüthorst über Einbeck und Alfeld nach Hannover, fast eine Tagesreise damals.

In Hannover wohnt er im Haus des Rechtsanwalts und Notars Christian Hermann Ebhardt, der mit einer Kusine seiner Mutter verheiratet ist. Unter verwandtschaftlicher Obhut wird er dazu angehalten, neben der gewissenhaften Erfüllung seiner mathematisch-technischen Schulpflichten auch Sprachstudien in Englisch und Französisch zu treiben, die der Onkel ihm nicht vermitteln konnte. Auch Schwimmunterricht nimmt er in Hannover.

Aber schwimmen kann er noch lange nicht. Wie tapsig und ungeschickt der Junge vom Dorf seine ersten Schritte in der Stadt setzt, beschreibt er selbst in seiner Erinnerung, wobei die Ironie des Alters die Peinlichkeit der Situation längst überdeckt:

Hier ging mit meinem Äußeren eine stolze Veränderung vor. Ich kriegte die erste Uhr – alt, nach dem Kartoffelsystem – und den ersten Paletot (frz. Überzieher, Herrenmantel) – neu, so schön ihn der Dorfschneider zu bauen vermochte. Mit diesem Paletot, um ihn recht sehen zu lassen, stellte ich mich gleich den ersten Morgen sehr dicht vor den Schulofen. Eine brenzlige Wolke und die freudige Teilnahme der Mitschüler ließen mich ahnen, was hinten vor sich ging. Der umfangreiche Schaden wurde kuriert nach der Schnirrmethode, beschämend zu sehn; und nur noch bei äußerster Witterungsnot ließ sich das einst so prächtige Kleidungsstück auf offener Straße blicken.

Mit Fleiß und Eifer versucht er, die in ihn gesetzten Erwartungen zu erfüllen, gegen sich selbst anzuarbeiten, sich vom Makel der Provinzialität zu lösen. Seine Mutter versucht er vom verbissenen Ernst seiner Bemühungen zu überzeugen:

... indeß, ich weiß selbst am besten, wie es mit mir steht.

Es ist für mich nicht allein nötig, daß ich den Vortrag verstanden habe, sondern mein künftiger Lebenszweck erheischt mehr als das; ich muß ihn auch durchweg u. zu jeder Zeit im Gedächtniße bereit haben.

Aber im selben Brief, fast zum Schluss, stehen plötzlich zwei Sätze, die aufhorchen lassen. Über den drei Jahre jüngeren Justus Ebhardt, Sohn des Justizrats, in dessen Haus er wohnt, schreibt er: *Justus hat seine Karriere, in die er ursprünglich einzutreten gedachte, geändert. Er will jetzt Seemann werden.*

Einer ist ausgebrochen aus Norm und Konvention, ist abgewichen vom vorbestimmten Lebensweg. Wilhelm erwähnt es gegenüber den Eltern. Kein Wort der Kritik an Justus, in das der Vater sogleich einfallen könnte. Dafür so altklug und falsch klingende Sätze über das, was sein eigener »künftiger Lebenszweck erheischt«. Das passt nicht zusammen. Auch für Wilhelm ist der Gedanke an ein nichtangepasstes Leben längst eine Verlockung. Aber noch hält er ihn nieder.

Wilhelms erzwungener Eifer ist nicht ohne Erfolg. *In der reinen Mathematik schwang ich mich bis zu Eins mit Auszeichnung empor, aber in der angewandten bewegt' ich mich mit immer matterem Flügelschlage.* Wichtig ist ihm der Zeichenunterricht. »Erste Klasse«, benotet Zeichenlehrer Heinrich Schulz seine Leistung auf diesem Gebiet. Aber auch in den Fächern, die mit Zeichnen nichts zu tun haben, zeichnet er. Seine

Kolleghefte sind voll mit skizzenhaften Darstellungen seiner Lehrer und Mitschüler. Sowohl Zeichnungen nach der Natur als auch Karikaturen. Dann kommt das Jahr 1848. Der Versuch einer bürgerlichen Revolution in Deutschland. In den Staaten des Deutschen Bundes kommt es zu Unruhen. Die Forderungen nach Freiheiten, ähnlich denen der Französischen Revolution, und nach nationaler Einheit werden überall lauter und dringlicher. Im März kommt es in Berlin zu blutigen Barrikadenkämpfen. Der preußische König Friedrich Wilhelm IV. verspricht, sich an die Spitze des »Gesamtvaterlandes« zu stellen, und lässt doch auf die Aufständischen schießen. Im Mai tritt das erste rechtskräftig gewählte deutsche Nationalparlament in der Frankfurter Paulskirche zusammen.

In dieser politisch bewegten Zeit wird der gerade vom Dorf in die Stadt gewechselte 16-jährige Wilhelm Busch wie alle Schüler der Polytechnischen Schule zur Verstärkung von Militär und Polizei als Hüter von Recht und Ordnung eingesetzt.

Aus langem zeitlichem Abstand, im Jahr 1906, schreibt er über seine Erfahrungen mit der Revolution:

Das Jahr 48 machte bedenklichen Lärm. Um den Wall die Ketten verschwanden. Aus uns Polytechnikern wurden Kompanien gebildet unter Führung der Lehrer. Den Stock in der Hand, eine weiße Binde um den Arm, zogen wir

Wilhelm Busch 1848

durch die Straßen und riefen den Frauen ›Guten Abend, Bürgerin‹ zu. Nur waren wir als Schergen der Ordnung beim ›Volke‹ recht unbeliebt. Aus den Haustüren im Rösehof gossen unsichtbare Hände uns Schmutzwasser an die Beine. Bald kriegten wir Waffen; alte Steinschloßflinten, die Ohrfeigen austeilten und Gesichter schwärzten, wenn wir draußen an der Schwedenschanze exerzierten.

Unsere Uniform war bloß kurz angedeutet durch eine Mütze mit schwarzrotgoldenem Streif drum herum. Das dreikantige Bajonett, im Bandelier zu tragen, diente als furchtbares Seitengewehr. Meine Kompanie hatte die Ehre, als erste die Hauptwache am Markt abzulösen. Freundlich grinsend standen uns die Soldaten gegenüber. Sie hinterließen uns munter belebte Matratzen zur behaglichen Ruhestatt.

Daß man uns keine scharfen Patronen anvertraute, war ärgerlich. Einstmals, während der Nacht, hatten wir an der Ecke der Ballhof- und der Knochenhauerstraße eine leichte Barrikade zu nehmen. Oben aus der Herberge flogen Backsteine herunter, unten bewarf uns von weitem die verwegene Menge. Vergebens verfolgten wir sie. Schießen konnten wir nicht. Da sprang ein langer Kollege, der die Geduld verlor, voran und prickte einem Kerl das Bajonett durch die Hose, daß er bölkte wie ein Ochse. Im Lindener Spital hat man ihn wieder kuriert. Und dies, soviel mir bekannt, ist unsererseits die einzige grausige Bluttat während der ganzen Revolution.

Übrigens gab es unruhige Geister auch in unserer eigenen Mitte. Sie brachten dem Direktor Karmarsch, ich weiß nicht warum, eine Katzenmusik. Für die Radaumacher schloß man die Schule. Für uns anderen, die brav gewesen, ging der Unterricht weiter.

Was für andere am Anfang mit großen Hoffnungen und am Ende mit bitterer Enttäuschung verbunden ist, beschreibt Wilhelm Busch als Groteske. Mag sein, dass ihm im Augenblick des Erlebens anders zumute war als im Rückblick nach so vielen Jahren. Davon aber verrät er nichts.

Im Grunde ist er unpolitisch. Die Zusammenhänge im Großen durchschaut er nicht. Die Revolution ist ihm eine Posse aus Krähwinkel. Ein Engagement, für welche Seite auch immer, ist ihm zuwider. Der Hang zur Grübelei in die Tiefe verbietet ihm, sich anderen Menschen anzuvertrauen. Wieder sieht er auch hier zuerst das Bizarre, Komische, Lachhafte. Salopp bezeichnet er das Rauchen und Biertrinken als *zwei Märzerrungenschaften.*

Sosehr sich eine solche Haltung im Augenblick auch absondert von den Strömungen der Zeit, sosehr wird gerade sie am Ende Gefallen finden bei vielen. Sie wird zur Zuflucht und zum Trost für alle vom Leben Gebeutelten, und wer wollte sich nicht dazuzählen? Später wird diese Haltung zur Grundstimme seiner Bildergeschichten und ist eine Erklärung für ihren großen Erfolg. Seht her, wird man sagen können, wir haben es doch schon immer gewusst, so ist das Leben, hier ist es wahrhaftig aufgezeichnet und treffend beschrieben. Und das Beste, was uns bleibt, ist, wenigstens einmal kräftig darüber zu lachen.

Dass solche Geschichten nur entstehen konnten, weil dem Erfinder vorher so viel von der menschlichen Wärme versagt geblieben ist, auf die er gehofft hat, dass sie entstehen konnten, weil seine nach innen gerichtete Lebendigkeit durch das Nadelöhr der äußeren Absonderung gegangen ist, das wird am Ende kaum jemand wahrnehmen wollen. Im Kern entspringt der Busch'sche Witz dem Alleingelassenwerden und dem Unvermögen, sich zu entscheiden. Weil es vielen so ging und geht, war und ist er so erfolgreich.

Vorerst aber müht sich Wilhelm Busch mit wachsendem Unmut, sich scheinbar dem anzupassen, was man von ihm erwartet. Auch verschwendet er noch längst keinen Gedanken an Bildergeschichten. Er hat ein ganz anderes geheimes Ziel, das er beharrlich verfolgt.

Mit ihm »brav«, aber unzufrieden mit der Maschinenbauerzukunft sind Carl Bornemann aus Alfeld und August Klemme aus Hannover. Alle drei haben sie Bilder im Kopf, die in die technischen Planquadrate nicht passen, die keine Maschinen ergeben. Sie freunden sich an.

Wilhelm hat sich merklich verändert. Aus dem ängstlich-braven Kind aus Wiedensahl ist nun einer geworden, der sich schon mal wagt, im dunklen Wald auch laut zu singen. Nicht nur das Rauchen und das Biertrinken hat er gelernt. Wenn er sich unbeobachtet fühlt und niemand ihn kennt, probiert er jetzt auch schon mal das öffentliche Lautsein. Im Herbst 1850 hat ihn jemand in der westfälischen Kleinstadt Bünde beobachtet:

»Zufälligerweise kam an diesem Tage ein junger Bursch aus Wiedensahl an, der Polytechniker in Hannover ist. Das war ein seltsamer Passagier. Seine Physiognomie war ganz eigentümlich. Er schien sich fortwährend über die ganze Welt lustig zu machen, und seine Fratzen haben uns oft köstlich amüsiert. Dabei war er ein höchst gescheiter, geistreicher Kopf, in allen Fächern zu Hause und jeden Augenblick mit den schlagendsten Einfällen bei der Hand. Ein Komiker war an ihm verdorben, denn er verstand alles ins Lächerliche zu ziehen ...«

Ein Studienkamerad begleitet ihn. Von Bünde aus wandern sie nach Ebergötzen. Da will Wilhelm beim Schützenfest dabei sein. Er ist jetzt so alt wie Hannchen Lovis damals. Voriges Jahr hat er ihr ein Albumblatt zukommen lassen mit einem Spruch von Jean Paul:

... Nicht das bunte Ufer fliehet vorüber, sondern der Mensch und sein Strom; ewig blühen die Jahreszeiten des Lebens am Gestade hinauf und hinab, nur der Mensch fliehet einmal vorüber und kehret nicht wieder um.

In diesem Jahr, Wilhelm erfährt es in Ebergötzen, wird Hannchen den Herrn Adalbert Isermann heiraten.

Enttäuschung und Rückzug nach innen.

Hannchen war viel älter als er. Schon die Kinderfreundschaft zu Christine in Wiedensahl war für den Kaufmannssohn aus Gründen des sozialen Unterschieds fern jeder Verwirklichung. So etwas läuft immer nur in seinem Kopf ab, es bleibt bei schönen Träumereien.

In seiner Beziehung zu Mädchen und Frauen zeigt sich schon hier ein seltsames Muster, dem er bis auf eine einzige Ausnahme sein Leben lang verhaftet bleibt: Der junge Wilhelm Busch sucht die Beziehung zu älteren Frauen oder solchen, die schon in festen Beziehungen leben, der alte Wilhelm Busch wird sich besonders zu den jungen, lebensfreudigen Mädchen hingezogen fühlen. Immer bleiben Berührung und Nähe hinter einer unüberwindlichen Mauer im Reich des Wünschens und Wollens.

Dieser Stau der Gefühle lässt ihn im wirklichen Leben oft täppisch und unangemessen erscheinen. In seinen Bildergeschichten dagegen beflügelt er die Phantasie. Der Augenblick der schönen Illusion, das Gefühl, über den Dingen zu stehen: Man kann ihm umso mehr nachgeben, je ungebundener man ist. Er wird nie heiraten, er wird sich nie einer Idee verschreiben.

Im wirklichen Leben aber muss auch Wilhelm Busch seine Enttäuschung verwinden. Er wandert. Zu Fuß legt er Entfernungen zurück, die sich heute kaum jemand zumuten würde. Zusammen mit dem Studienfreund und mit Erich Bachmann geht es von Ebergötzen aus durch den Harz. Von dort nach Hannover. Und von Hannover mit Erich nach Wiedensahl.

Zum ersten Mal bringt Wilhelm jemanden mit in sein Elternhaus. Seinen ersten und gleichzeitig besten Freund. Das macht ihn stärker, nicht zuletzt gegen den Vater.

Kaum wieder in Hannover, wagt er den ersten Schritt seiner Privatrevolte. Er verlässt das Haus der Aufsicht führenden Verwandten und zieht in die Studentenbude zu seinem Studienfreund Carl Bornemann. *Denn wer sich im Rauchen und Biertrinken übt, will einen eigenen Hausschlüssel haben.*

Die Studentenromantik in Hannover währt nicht lange. Große Veränderungen sind in die Wege geleitet. In Wiedensahl hat er kein Wort gesagt.

August Klemme ist im Herbst 1850 in die »Stadt des Malkastens«, nach Düsseldorf gegangen, um an der dortigen Kunstakademie das Malen zu studieren. Carl Bornemann und Wilhelm Busch warten gespannt auf Nachricht von ihm.

Öfter als in Wiedensahl ist Wilhelm von Hannover aus in Lüthorst. Mit dem Onkel kann er reden. Mag sein, dass dieser ihn in seinem Eigenwillen bestärkt hat.

Am 9. März 1851 geschieht dann der große Ausbruch: Gegen den Willen seines Vaters verlässt Wilhelm Busch zusammen mit Carl Bornemann ohne Abschluss die Polytechnische Schule in Hannover, »um in Düsseldorf Maler zu werden«.

Adriaen Brouwer (1606–1638). Karten spielende Bauern in einer Schenke

In dieser kunstberühmten Stadt sah ich zum ersten Male die Werke alter Meister: Rubens, Brouwer, Teniers, Frans Hals. Ihre göttliche Leichtigkeit der Darstellung malerischer Einfälle, verbunden mit stofflich juwelenhaftem Reiz; diese Unbefangenheit eines guten Gewissens, welche nichts zu vertuschen braucht; diese Farbenmusik, worin man alle Stimmen klar durchhört, vom Grundbaß herauf, haben für immer meine Liebe und Bewunderung gewonnen; und gern verzeih' ich's ihnen, daß sie mich zu sehr geduckt haben, als daß ich's je recht gewagt hätte, mein Brot mit Malen zu verdienen wie manch anderer auch. Die Versuche freilich sind nicht ausgeblieben; denn geschafft muß werden, und selbst der Taschendieb geht täglich auf Arbeit aus …

Wilhelm Busch, Von mir über mich

III
Der Versager

Rote Kreise drehen sich, flimmern, lösen sich auf in warme Feuchtigkeit, bilden sich als Wellen neu, durchlaufen seinen Körper von unten nach oben, lassen ihn frösteln und treiben ihm Schweißperlen über die Stirn.

Die Sonne kann es nicht sein. Die Sonne hat sich kaum blicken lassen in diesen Tagen. Es ist Ende März 1853, der Himmel über Antwerpen ist verhangen, er sieht immer denselben Ausschnitt aus dem Fensterkreuz, milchgrau und unbewegt, selten mit ein, zwei Vogelpunkten, die sich schnell seinem Blickfeld entziehen. Stillstand seit Tagen. Er ist gefangen wie ein Vogel im Käfig. Das schneeweiße Federbett, die kleine Kammer, die Waschkommode, rissige Dielenbretter, die Petroleumlampe auf dem Nachttisch, der muffige Geruch, und der Blick wandert an den Deckenbalken entlang, immer dieselben Linien hin und her.

Heute Nacht, mitten in einem seiner Fieberträume, ist ihm auf einmal sein früher Tod nur logisch und konsequent erschienen. Die Hoffnungen, mit denen er nach Düsseldorf gegangen ist, liegen weit zurück. Er ist ein Versager. Den Anforderungen des Lebens nicht gewachsen. Nichts bringt er zu Ende.

Leichtfertig hat er hingeworfen, wofür sie ihn bestimmt hatten. Hochmütig ist er seinen eigenen Wünschen gefolgt. Seinen eigenen Wünschen? Zweimal ist er dem August Klemme hinterher, erst nach Düsseldorf, dann nach Antwerpen. Maler wollte er werden. War das nicht noch anmaßender als Justus Ebhardts Seemannsträume? Auch Justus war in Antwerpen gelandet. Der Maler und der Seemann. Vereint als Strandgut hochfahrender Hoffnungen. Was hat er bloß gedacht? Hat er geglaubt, sie haben hier auf ihn gewartet, hier draußen in der großen Welt? Auf ihn, auf Wilhelm Busch, den Dorfjungen aus Wiedensahl?

Fast in jeder Nacht kommen sie wieder und verhöhnen ihn, die Spukgestalten, die edelschmächtigen weißen Gipsfiguren aus dem Antikensaal in Düsseldorf, wollen, dass er immer wieder und immer wieder von vorn ihre Rundungen und jenseitigen Blicke aufs Papier bringt. Ein Flüstern und Kichern erhebt sich. Hermes, der Götterbote, wirft sein weites Gewand über die Schulter, die klassisch schönen Gesichter verziehen sich zu gemeinem Grinsen, unzählige Arme strecken sich aus, unzählige Finger zeigen auf ihn. Wilhelms Zeichenstift fegt mit irrwitziger Geschwindigkeit übers Papier, als könne er den Aufstand der idealistischen Gipsköpfe nur durch rasendes Nachzeichnen bannen. Sie jagen ihn kreuz und quer durch den Saal und Wilhelm zeichnet wie besessen.

Unter die antiken Modelle haben sich jetzt auch Carl Friedrich Sohn, der Lehrer der Vorbereitungsklasse, und Wilhelm von Schadow, der Akademiedirektor, gemischt. »Kopieren, kopieren und nochmals kopieren!«, schreit Carl Friedrich Sohn, und von Wilhelm von Schadow, der im Nebel verschwindet, hallt es herüber: »Heilig! Klassisch! Historisch!« Sie jagen ihn bis auf die Straße hinaus, und ihr Johlen unterscheidet sich jetzt durch nichts mehr von dem der Hütekinder in Wiedensahl oder der Dorfjugend bei der Kirmesrauferei in Ebergötzen. Aber die Straße ist nun nicht mehr die Straße in Düsseldorf, der Lärm nähert sich dem Haus Pont au fromage Nr. 320 in Antwerpen, und Wilhelm hält sich die Ohren zu, er will das Spottgelächter nicht hören, aber sein Wehren ist zwecklos, der Lärm kommt von innen.

Irgendwo im Haus poltert es. Das Geräusch kommt näher. Die Tür geht auf. Im Schein der Kerze huschen zwei Gestalten in sein Zimmer. Er erkennt sie und seufzt erleichtert. Es sind seine Wirtsleute Jan und Mie Timmermans, sorgenvolle, gütige Menschen. Er, hager, mit Nachtmütze und Schlappen, sie, mollig, zwanzig Jahre älter als ihr Mann, im Nachthemd mit Spitzenkragen. Gemeinsam betreiben sie das Barbiergeschäft an der Käsbrücke, Sammelstelle für alltägliche Freuden und Sorgen.

»Herr Wilhelm, Herr Wilhelm«, beginnt Mie in ihrer herben flämischen Sprache, von der Wilhelm immer nur Wörter erraten kann, die dem Plattdeutschen ähnlich sind, aber nie alles versteht. Sie stellt die Kerze auf den Nachttisch, lüftet das dumpfe Federbett, macht ihm neue Wadenwickel und wischt ihm den Schweiß von der Stirn.

Gestern haben sie einen richtigen Arzt ins Haus geholt. Die eigenen Bartscherer-Mittel schienen ihnen nicht mehr zu reichen. Der spitzbärtige Mann hat ihn abgehorcht, beklopft und befühlt und am Ende bedächtig genickt, als habe sich seine schlimmste Befürchtung bestätigt. Wilhelm hat das Erschrecken von den Gesichtern seiner Wirtsleute gelesen. Typhus.

Von dieser Krankheit stehen viele nicht wieder auf. Noch ist er nicht einmal 21 Jahre alt. War das denn schon alles? Als er am Morgen aufwacht, sitzt Mie neben seinem Bett, schon wieder oder immer noch, er weiß es nicht. Manchmal werden die Feuerräder vor seinen Augen kleiner und manchmal verschwinden sie ganz. Dann blinzelt er zu ihr hinüber und findet ihre lächelnd gütigen Augen. Ach Mie, denkt er. Wie gut ist es, die Nähe eines Menschen zu spüren. Es braucht keine Worte. Es braucht überhaupt keine Worte.

Alles wirklich Wichtige ist mit Worten ohnehin nicht zu sagen. Was er sagen wollte, wollte er in Bildern sagen. In der »Muttersprache der Kunst«. Bilder, die er in sich geahnt hat, denen er nachspüren wollte sein Leben lang. Und nun hat er sie gesehen, mit eigenen Augen gesehen. Das, liebe, verständige Mie, das ist das Schönste und Schrecklichste zugleich, was deine Stadt, was Antwerpen für mich bereitgehalten hat: die Bilder. Zwei-, fast dreihundert Jahre sind sie alt. Peter Paul Rubens hat sie gemalt, Adriaen Brouwer, David Teniers und der unvergleichliche Frans Hals.

Alles, was er sagen wollte, ist mit diesen Bildern gesagt. So wie er es nie fertig bringen wird. Stümperei und Geschmier alles im Vergleich zu den großen Niederländern. Und kein akademisches Malenlernen wird ihn je dahin bringen, den alten Meistern auch nur das Wasser zu reichen.

Ach Mie, denkt er, wie gut ist es, zusammen schweigen zu können.

Sammelbilder 1851–1865

Jan und Mie waren ein zärtliches Pärchen, doch kinderlos, sie dick, er dünn; sie balbierten mich abwechselnd, verpflegten mich während einer Krankheit und schenkten mir beim Abschied in kühler Jahreszeit eine warme rote Jacke und drei Orangen.

Die Rückkehr von Antwerpen nach Wiedensahl ist seine erste Flucht vor der großen in die kleine Welt. Wie schmachvoll auch immer, er vollzieht sie. Das Leben geht weiter.

Erst einmal gilt es, sich ganz von der Krankheit zu erholen. Das umgebaute Elternhaus hat nun auch Platz für ihn, und der Vater, will er nicht hartherzig erscheinen, muss den verlorenen Sohn wieder aufnehmen. Aber seinen Wünschen entspricht es nicht, dass sein Ältester nun scheinbar untätig zu Hause herumlungert, nichts Brotbringendes tut oder anstrebt und nur Flausen im Kopf hat. Im Plänemachen, ja, da ist er groß, aber da wird doch nie was draus. Schon im Dezember hat er seine Rückkehr aus Antwerpen angekündigt, mit großen Worten, versteht sich:

… Ich denke jetzt zu dem Punkte gekommen zu sein, wo ich meine Vorstudien so ziemlich beendet nennen kann. In Kurzem hoffe ich deshalb wieder bei Euch zu sein und

dann verschiedene Studien nach der Natur zu malen und darauf ein Bild anzufangen …

Das soll glauben, wer will.

Friedrich Wilhelm Busch bleibt skeptisch. Und in der nun folgenden Zeit hat er allen Grund, sich bestätigt zu fühlen. Von dem großen Bild ist nichts zu sehen. Stattdessen fängt Wilhelm auf einmal an, Märchen zu sammeln.

Was damals die Leute ut oler Welt erzählten, klang mir sonderbar im Ohr. Ich horchte genauer und sucht' es mir fleißig zu merken … Von Märchen wußte das meiste ein alter, stiller, für gewöhnlich wortkarger Mann. Einsam saß er abends im Dunkeln. Klopft' ich ans Fenster, so steckte er freudig den Trankrüsel an. In der Ofenecke steht sein Sorgensitz. Rechts von der Wand langt er sich die sinnreich senkrecht im Kattunbeutel hängende Pfeife, links vom Ofen den Topf voll heimischen Tabaks, und nachdem er gestopft, gesogen und Dampf gemacht, fängt er seine vom Mütterlein ererbten Geschichten an. Er erzählt gemächlich; wird's aber dramatisch, so steht er auf und wechselt den Platz, je nach den redenden Personen, wobei denn auch die Zipfelmütze, die sonst nur leis nach vorne nickte, in mannigfachen Schwung gerät.

Für Spukgeschichten dagegen von bösen Toten, die wiederkommen zum Verdrusse der Lebendigen, war der Schäfer Autorität. Wenn er abends erzählte, lag er quer über dem Bett, und wenn's ihm trocken und öd wurde im Mund, sprang er auf und ging vor den Tischkasten und biß ein neues Endchen Kautabak ab zur Erfrischung. Sein Frauchen saß daneben und spann …

41 Märchen kommen zusammen, 52 Sagen, dazu noch Volkslieder und Reime. Bluttriefende Geschichten zum Teil, zum Teil Eulenspiegeleien, in denen Bauernschläue siegt und heuchlerische Pfaffen das Nachsehen haben. Auf den vergeblichen Griff nach den Sternen folgt der Versuch, wieder Nähe zu gewinnen, Boden unter den Füßen zu spüren. Viele der Märchen und Sagen sind im vertrauten Plattdeutsch erzählt. Aber wer will davon schon etwas wissen im Zeitalter der Eisenbahn und der Fabriken, und für die Märchen gibt es die Brüder Grimm.

Im Herbst 1853 ist er für längere Zeit beim Onkel Kleine in Lüthorst und lässt sich ernsthaft vom *wundersamen Leben des Bienenvolkes* fesseln. Vorübergehend hängt er dem Gedanken nach, als Bienenzüchter nach Brasilien auszuwandern. Doch dann spinnt er sich wieder ein in die kleine, sich selbst genügende ländliche Welt, versucht, seine Unruhe zu unterdrücken.

Er malt und zeichnet in Wiedensahl, Lüthorst und bei Verwandten in Hameln, füllt sein in Antwerpen gekauftes Skizzenbuch mit Porträts von Bruder Gustav, mit Blüten, Bäumen, Bauernhäusern, Marktfrauen, Kindern, Katzen, Landschaften und Interieurs. Die Bilder malt er so klein, als wolle er sie von vornherein verstecken. Was »Ordentliches« im Sinn seines

Vaters bringt er nicht zustande, das angekündigte Bild lässt auf sich warten, aber im Verborgenen probiert er unentwegt weiter, ganz für sich, und zeigen will er es keinem.

Eineinhalb Jahre lebt er ohne Perspektive im Hin und Her zwischen Bildern, Bienen und Märchen und vertieft sich, angeregt durch des Onkels aufklärerisches Engagement, in Grübeleien auf hohem Niveau: *Auch mich zog es unwiderstehlich abseits in das Reich der Naturwissenschaften. Ich las Darwin, ich las Schopenhauer damals mit Leidenschaft …*

Hier irrt er sich in seiner Erinnerung. Die Bücher des englischen Naturforschers Charles Darwin kann er erst später gelesen haben. *Die Entstehung der Arten* ist 1859 erschienen, *Die Abstammung des Menschen* erst 1871. Mit seinen Schriften hat Darwin den Blick geöffnet auf die Entwicklung der Tier- und Pflanzenwelt und dem dort herrschenden »Kampf ums Dasein«. Der Gedanke, dass der Mensch vom Affen abstammt, hat seinerzeit für außerordentliche Erregung gesorgt und den Stolz der technik- und fortschrittsgläubigen Welt verletzt. Wilhelm Busch wird dieser Gedanke gefallen haben. Dass einer den Menschen den Spiegel der Natur vorhält, erscheint ihm ganz recht so. Auf seine Weise wird er mit den Bildergeschichten etwas ganz Ähnliches tun. Auch kann er im Rückzug auf die Vorstellung, dass alle Menschen letztlich den gleichen Naturgesetzlichkeiten ausgeliefert sind, vieles wettmachen, was er an Verletzungen von den scheinbar so selbstsicheren Erfolgsmenschen einstecken muss. Vom Akademiedirektor bis zum Kritiker, sollen sie nur ihre Klugheit verbreiten, am Ende gehorchen sie doch alle den gleichen instinkthaften Trieben. Auch die Schadenfreude spielt hier unübersehbar ihre Rolle.

Arthur Schopenhauer wird zu seinem Lieblingsphilosophen. Erst gegen Ende seines Lebens wird sich Wilhelm ein wenig aus der geschlossenen Denkwelt Schopenhauer'scher Philosophie hervorwagen. Auffallend sind die vielen Parallelen im Leben beider Männer. Was Wilhelm Busch in kleinen Verhältnissen erfährt, findet sich ähnlich bei Arthur Schopenhauer, nur in großbürgerlicher Umgebung. Auch Schopenhauer hat ein vergleichbar schwieriges Verhältnis zu seinen Eltern, auch er wird als Zehnjähriger für zwei Jahre aus dem Elternhaus entfernt, auch er soll einen Beruf erlernen, gegen den er sich innerlich zur Wehr setzt. Das Erbe vom Vater allerdings, das Schopenhauer lebenslange Unabhängigkeit gewährt, setzt ihn in den Stand, unvergleichlich entschiedenere Konsequenzen zu ziehen, als es Wilhelm Busch je möglich gewesen wäre.

Ungeachtet aller Kriegsunruhen und politischen Zeitläufe hat Schopenhauer sich wie Busch immer wieder in selbst gewählte Einsamkeit zurückgezogen. Als Dreißigjähriger schon hat er in dreijähriger Arbeit in Dresden sein Hauptwerk *Die Welt als Wille und Vorstellung* geschrieben. Das Schopenhauer'sche Denksystem legt den lebenserhaltenden Willen als Triebkraft für alles Böse in der Welt zugrunde. Einen Ausweg gibt es nicht. Es sei denn, der Wille würde im Spiegel der Vorstellung seiner selbst ansichtig und der Mensch würde durch ein solches Erkennen auf seinen Willen verzichten. Weil dies aber in der Wirklichkeit nicht geschieht, bleibt die Welt dem zwangsläufig bösen Willen verfallen.

Als *Die Welt als Wille und Vorstellung* im Jahr 1819 erscheint, will kaum jemand etwas von solchen im Grund pessimistischen Gedanken wissen. Schopenhauer bleibt unbekannt.

Erst nach der gescheiterten Revolution von 1848, in Zeiten tiefer politischer Resignation, entwickelt das deutsche Bürgertum eine Vorliebe für diese Philosophie. Nun endlich ist die Zeit reif, dass viele, unter ihnen Wilhelm Busch, sich selbst und die Welt im Werk Schopenhauers wiederfinden und seine Art zu denken annehmen. Immer wieder wird in Wilhelm Buschs Bildergeschichten der ungezähmte Wille vor allem in Gestalt von Kindern und Tieren gegen die ignorante Macht der Realität Sturm laufen, wird durch die Mühle gedreht, vernichtet oder durch Dressur gezähmt. So hat Wilhelm es im Leben erfahren. Darin fühlt er sich von Schopenhauer bestätigt. Arthur Schopenhauers entschiedene Art, die Welt anzuschauen und zu deuten, wird für den entscheidungsscheuen Wilhelm Busch zur Orientierung.

Im November 1854 endlich wagt er sich wieder hinaus. Aber wieder braucht es einen Anstoß von außen. Wieder, zum dritten Mal nun, kommt der Anstoß von August Klemme.

Post aus München flattert in die ländliche Schläfrigkeit von Wiedensahl und setzt den ernüchterten Zweifler in Bewegung. Die Königliche Akademie der Künste in der süddeutschen Metropole hat der Düsseldorfer Kunstschule inzwischen den Rang abgelaufen. August Klemme hat sich dort umgetan, und was er darüber mitteilt, ist für den 22jährigen Wilhelm Busch Grund genug, sich noch einmal aufzurappeln. Noch einmal will er den Versuch wagen, seinen doch nicht zu bezwingenden Neigungen ein Korsett zu verschaffen, mit dem er sich in der Welt sehen lassen kann. Und: *... geschafft werden muß, und selbst der Taschendieb geht täglich auf Arbeit aus.*

Den Vater, den Dorfkrämer, zu überzeugen, ist ein hartes Stück Arbeit. Dass sein Sohn Maler werden, sich einer im allgemeinen Ansehen brotlosen Kunst zuwenden will, scheint ihm anmaßend und ungehörig. Die Mutter und der Onkel müssen herhalten, müssen zureden, um die Finanzierung des noch einmal aufflammenden Wunsches zu sichern.

Kaum ist er in München, sind die alten Zweifel wieder da. Das akademische Malenlernen ist nichts für ihn. Die Kompliziertheit großstädtischer Verhältnisse verwirrt ihn. Er wohnt in der Dachauer Straße Nr. 3 bei der Pfarrerswitwe Stiller, in der Nähe des Bahnhofs, da kann er die Züge hören. Die Angst vor der Schmach eines nochmaligen Rückzugs lässt ihn ausharren.

Am 6. November wird er in die technische Malklasse des Akademiedirektors Wilhelm von Kaulbach aufgenommen.

Sein akademischer Eifer aber ist von vornherein entschieden gedämpft. Gegen die offizielle Ansicht dessen, was Kunst ist, setzt er den querköpfigen Stolz des Autodidakten.

Sein Engagement verläuft sich auf ein Nebengebiet. Schon in Antwerpen hat er für die Kneipzeitung des dortigen Künstlervereins *einige Scherze* beigetragen. In München nun ist er sehr schnell Mitglied des Künstlervereins »Jung-München«, der sein Stammlokal beim Kapler in der Promenadenstraße hat. Mit 22 Jahren ist Wilhelm Busch eines der ältesten Mitglieder des Vereins, in dem sich nach typisch deutscher Sitte junge Maler, Musiker und Schriftsteller mit Statut und Fahne zusammengefunden haben. Aus allen Richtungen des weiterhin kleinstaatlichen Deutschlands sind sie im kunstfreudigen Sammelbecken der liberalen Stadt zusammengekommen. Man hockt zusammen, trinkt und raucht und blödelt und kann in Gemeinschaft die Unsicherheit der anderen bespötteln, die man von sich selbst so gut kennt. In seltenen Augenblicken gelingt es sogar, über die eigene Schwäche zu lächeln.

Wilhelm spürt es: Je mehr er sich in den Geheimgängen seines Gehirns nach innen hin einrichtet, umso dringlicher wird der Wunsch, doch irgendwie auch in der Außenwelt dazuzugehören. Deshalb schließt er sich so rasch den »Jung-Münchnern« an und übt sich mit besonderem Eifer, einer von ihnen zu werden.

Hier zeigt sich nun deutlich ein wunder Punkt in seinem Leben, aus dem heraus er immer wieder scheinbar unverständliche Torheiten begeht. Dazugehören will er. Heftig und intensiv. Aber anderen Menschen zu Gefallen sein, damit tut er sich schwer, da hat er sich gleich im Verdacht der Dummheit, der Naivität, da fürchtet er schnell, ausgenutzt zu werden, da geraten seine Gefühle auf Glatteis. Wenn er es dennoch tut, tut er es heimlich, verdeckt, eingereiht im Chor der allgemeinen Meinung. Wir werden es sehen: Immer wieder, wenn er sich bemüht dazuzugehören, tappt er daneben.

Im Verein »Jung-München«, in dem Ulk und Spott durch äußere Formen gefordert und geschützt sind, meint Wilhelm, sich zum ersten Mal wirklich loslassen zu können. Er karikiert seine Vereinskollegen, ausschließlich Männer versteht sich, schreibt Texte für Faschingsschwänke, Operettenlibretti. Die vereinsinterne Kneipzeitung *Der Beiwagen* füllt sich mehr und mehr mit Beiträgen des stattlichen Norddeutschen, der schnell akzeptiert ist, den aber keiner so richtig einordnen kann. Die anderen beschreiben ihn als auffallend gut aussehend, mit scharfem Witz begabt, kühl, stolz, abweisend und seltsam oft mit ernsten Dingen beschäftigt. Öffentliches Reden ist seine Sache nicht. In seinen Kneipzeitungsbeiträgen lässt er sich auf Erotisch-Schlüpfriges ein, schreckt auch nicht vor fäkalischen Derbheiten zurück, beschreibt Rauscherfahrungen, und wie selbstverständlich rutscht ihm da in ein, zwei Nebensätzen ein zeitübliches Ressentiment gegen die Juden aus der Feder, in einem Spottlied stimmt er in den Chor der Franzosenhasser ein.

Es löst sich etwas in ihm. Nur für den vereinsinternen Kreis bestimmt, noch tastend und unsicher, schreibt und zeichnet er drauflos. Im vorgegebenen Rahmen aus Vereinsmeierei und Zeitgeist findet er eine Spielwiese und tobt sich aus in Formen, die ihm liegen: Karikatur, Satire, Spottvers, Fabel, Märchen, Moritat, Schwank, Faschingsscherz, Theater- und Operettentexten.

Je mehr die hohe Kunst ihn abstößt, umso mehr fühlt er sich von den volkstümlichen Formen angezogen.

Eine Schleuse ist geöffnet. Was löst sich da, was kommt da zum Vorschein?

Einer, der bisher wenig Möglichkeiten hatte, sich auszuleben, gibt dem Druck seiner Gefühle nach. Auch und gerade seine Verletzungen, die er bisher geschluckt hat, will er nun, unkenntlich verpackt natürlich, zur Sprache bringen. Ich durchschaue das Spiel, gibt er zur Kenntnis, ich weiß, dass auch die, die Erfolg haben, nur mit Wasser kochen, auch nur vom Affen abstammen. Schadenfreude wird sichtbar. Die anderen sind ja auch nicht besser. Nur merken sie es nicht.

Mit seinen Gefühlen aber will er angenommen werden. Hier ist er hoch empfindlich, reagiert auf die kleinste Andeutung, wertet sie sofort als Zeichen der Missachtung seiner selbst. Ehrlich sagt es ihm ja doch niemand.

Aber er weiß auch, dass er selbst etwas tun muss, um angenommen zu werden. Also stimmt er in die allgemeinen Vorurteile ein, die in der Luft liegen. Er macht sich über die Juden lustig, schreibt Gehässiges über die Franzosen. In diesem Rahmen, unter Freunden, meint er, kann er das alle Mal schadlos tun, darüber braucht er nicht lange nachzudenken. Und heimlich hofft er auf die Zustimmung, die er braucht.

Es ist immer dasselbe, höchst komplizierte Spiel, das er treibt: Um seinen schlingernden Gefühlen zu entsprechen, sie aber nicht verraten zu müssen, versteckt er sich hinter vorgefundenen Formen und

Im Kreis der Münchner Freunde, um 1858

schafft sich schließlich eine besondere Form: die der Bildergeschichte.

Der Humor, in dem die Grenze zwischen Wirklichkeit und Phantasie aufgehoben ist, entspricht seinem bewegten Temperament und ist die einzige Möglichkeit, all das zu umfassen, was da in ihm nach außen drängt. Es ist ein Humor, der durchzogen ist von den verschlungenen Fäden seiner Bitterkeit und seiner Enttäuschung. Noch ahnt er nicht, dass ein großes Publikum darauf wartet, sich gerade an seinem Humor zu ergötzen. Noch ist er Student an der Akademie der Künste. Noch hat er das Ziel, Maler zu werden. Aber die Münchner Ablenkungen, die Nächte beim Kapler, machen es schwer, das Ziel nicht aus den Augen zu verlieren.

Dem Vater sind die nächtlichen Biertrinkeraktivitäten schlecht als Erfolge seines Studiums verständlich zu machen. Bisher ist die Zeit in München nur eine Intensivierung seiner Ratlosigkeit. Das Auskosten der neuen Freiheit, der Spaß, den er hat, zählt nicht für den Vater. Der aber muss die Sache finanzieren. Wann und ob sich seine Investition auszahlt, ist im Augenblick überhaupt nicht abzusehen.

Seine ersten Besuche von München aus in der Heimat macht er vorsichtshalber in Lüthorst, nicht in Wiedensahl. Unschlüssig und ziellos ist er nach wie vor. Wie soll es nun weitergehen? Des Onkels Rat ist wohlmeinend und klug, aber zur praktischen Seite des Lebens hat auch er nur ein entferntes Verhältnis.

Wilhelm fährt herum, ist mal hier und mal da. Seine häufige Abwesenheit von München erklärt sich möglicherweise auch dadurch, dass der Vater den Geldhahn zeitweilig zudreht. In Hameln trifft Wilhelm auf Friedrich Warnecke, Lehrerssohn, vier Jahre jünger als er, leidenschaftlicher Heimatkundler, speziell mit Wappenkunde beschäftigt. Wilhelm lässt sich von seinem Interesse anstecken, treibt sich endlos lange in Kirchen herum, zeichnet Wappen ab und schickt sie dem Freund mit fachkundigen Erläuterungen. Einmal macht er sich sogar mit Spaten und Hacke auf, um wie ein Schatzgräber nach Aschenurnen zu graben. Aber im Sommer 1856 ist er mit den »Jung-Münchnern« in Brannenburg am Inn. Hier hat sich eine sommerliche Künstlerkolonie zusammengefunden. Sie wohnen in einer Mühle, einfach und billig, Wilhelm genießt das Landleben, und während die anderen Maler sich mit großen Landschaftsbildern abmühen, sitzt er im Gras, faulenzt, raucht, reißt Witze und hält hin und wieder einen seiner Kollegen als Karikatur im Skizzenbuch fest. Seinen Antwerpener Vorsatz, *ein Bild anzufangen*, hat er scheinbar vergessen.

Erneuter Rückzug. Von Oktober 1856 bis Mai 1858 ist er nicht in München. Wieder flüchtet er unter die schützenden Fittiche des geduldigen Onkels nach Lüthorst. Und wieder beschäftigt er sich mit den Märchen *Ut oler Welt*, zeichnet ein paar Illustrationen dazu und ein Titelblatt – ganz im Stil der Zeitberühmtheiten Ludwig Richter und Moritz von Schwind.

Darauf folgt ein schüchterner Versuch mit der Praxis. Er knüpft Verbindungen mit dem Buchhändler Ehlers im nahen Einbeck, macht sich Hoffnungen, ihn als Verleger zu gewinnen und wird nach viermonatigem Warten herb enttäuscht. Aus der Sache wird nichts. Die erste Erfahrung des grünschnäbligen Autors mit einem Verleger ist ernüchternd.

Wilhelm entschließt sich, den Winter über in Lüthorst zu bleiben. Eine Stunde zu Fuß von Lüthorst entfernt liegt die Kleinstadt Dassel. Hier gibt es einen »Club«. Im Vorstand des »Clubs« sind die Honoratioren der Stadt. *Mit hoher obrigkeitlicher Bewilligung* organisieren sie alljährlich die Lustbarkeiten des Gemeinwesens, Tanz und Theater, und sind für Anregungen, wenn sie denn im Rahmen bleiben, durchaus aufgeschlossen. Gelegenheit für Wilhelm, seine »Jung-Münchner«-Ausgelassenheit auch am bürgerlichen Provinzpublikum auszuprobieren. Hier lässt er sich sogar zu einem öffentlichen Auftritt bewegen, spielt als Professor Wilhelm Zorn in dem banal-belanglosen Einakter *Einer muß heiraten* mit, zeichnet Theaterzettel und schreibt selbst ein Stück, das unter dem Titel *Das Liebhabertheater oder Einer hat gebimmelt und alle haben gebummelt* im »Club« aufgeführt wird.

Als scheue er die Herausforderung, verbummelt er selbst das ganze Jahr 1857 in der Provinz und wagt sich erst im Mai 1858 nach München zurück.

In der Stadt bleibt er nicht lange, sondern fährt mit den »Jung-Münchnern« nach Ammerland, einem kleinen Dorf am Ostufer des Starnberger Sees. Sommerfrische – die anderen malen, Wilhelm witzelt und karikiert – alles wie gehabt.

Hoher Besuch steigt für ein paar Tage ab, der berühmte Ludwig Richter aus Dresden und sein Sohn Heinrich, der Verleger ist, kommen vorbei, und die Jung-Künstler scharen sich um sie.

Mitten in die heitere Ferienstimmung fallen zwei dunkle Schatten. Der erste scheint ihn kaum wirklich zu berühren. Er sitzt mit einem offenbar ungeschickten Fischerjungen in einem Boot auf dem See, als ein Gewittersturm aufkommt.

Wir kriegten Wasser ins Boot, und ich hatte mich schon drein gegeben, wir müßten versaufen, war aber ganz gleichmütig dabei …

Der zweite Schatten berührt ihn wirklich und tief. Im Juli ist er mit den anderen wieder in der Mühle in Brannenburg am Inn, da kommt Nachricht aus Wiedensahl. Anna, seine jüngste Schwester ist gestorben. Wilhelm frisst es in sich hinein, sagt keinem was, aber auf einmal fängt er an, wie besessen zu arbeiten, füllt seine Skizzenbücher, malt in kleinem Format Pappe und Papier sparend Ölbilder, legt ein »Anatomisches Taschenbüchlein« an, übt sich in Bewegungsstudien und perspektivischen Darstellungen.

Für Lob und Tadel ist er unempfänglich. Die anderen, denkt er, haben sich festgelegt, haben ihre Seele an irgendeine akademisch erwünschte Richtung verpfändet; nur er, denkt er, ist autonom, die alten Niederländer, die »Muttersprache der Kunst« unbeirrbar vor Augen.

In München zurück und nachts wieder beim Kapler, kommt Wilhelm mit einem kleinen, dunkelhaarigen, rührigen Mann ins Gespräch, der die »Jung-Münchner« hin und wieder mit seiner Anwesenheit beehrt und dabei oft neugierig im *Beiwagen* blättert.

Dieser Mann ist Zeichner und Holzschneider, aber was für die jungen Künstler viel wichtiger ist, er ist Verleger. Zusammen mit seinem Kompagnon, dem Buchhändler Friedrich Schneider, ist er verantwortlich für das Erscheinen der beliebten Wochenschrift *Die Fliegenden Blätter.*

Vor der Revolution 1848 hatten die *Fliegenden Blätter*, Zeitschrift für Satire und Karikatur, einen liberal-großdeutschen Standpunkt vertreten. Aus Angst vor Zensur und Verbot aber waren die Beiträge gezügelt und scheuten die Konsequenz. Nach der vergeblichen Revolution nun nimmt diese Angst kuriose Züge an. Mitte der fünfziger Jahre teilt die Redaktion ihren Lesern mit:

»Da die *Fliegenden Blätter* in den letzten Monaten zu wiederholten Malen hier, an dem Orte ihres Erscheinens, konfisziert wurden und dadurch eine Störung in der regelmäßigen Versendung die notwendige Folge war, wird die Verlegung des Schauplatzes in das Ausland unseren Lesern hinlänglich motiviert erscheinen.« In einer ganzen Nummer geht es plötzlich in den *Fliegenden Blättern* türkisch zu. Der politisch bissige Witz verschwindet, findet eine Zufluchtsstätte in der 1848 in Berlin gegründeten Zeitschrift *Kladderadatsch*. Die Münchner *Fliegenden* tragen nun ganz dem Kulturpessimismus der Zeit Rechnung, biederer Frohsinn ist gefordert, zweckfreies Lachen, allenfalls eine Spur bitterer Entsagung. Eine Sache also wie geschaffen für den inzwischen geübten Versteckspieler Wilhelm Busch.

Caspar Braun hat absichtsvoll das Gespräch mit dem nach außen hin unwirsch und abweisend erscheinenden jungen Mann gesucht, und seine Spürnase hat ihn nicht betrogen. Schnell werden sie handelseinig und schon im Verlauf des Jahres 1859 ist der neue Mitarbeiter mit 19 Arbeiten in den *Fliegenden Blättern* vertreten. Seine Bilder hat er seitenverkehrt auf Holzstöcke zu zeichnen, die vom Xylographen, dem Holzschneider, mit der Stichel ausgestanzt und für den Druck hergerichtet werden. Diese Technik erlaubt keine feine Strichführung, soll am Ende nicht alles undeutlich und wirr erscheinen. Aber das Handwerkliche an der Sache behagt Wilhelm, der Zwang zur Verknappung kommt ihm entgegen. Auch inhaltlich kommt es jetzt darauf an, seine der Zeitstimmung entsprechende persönliche Ansicht über das Leben und die Welt auf den Punkt zu bringen. Spottlustig natürlich, voller Ironie und Witz, was dahinter steht, geht keinen was an.

Bisher waren auch in den *Fliegenden* nur Einzelkarikaturen erschienen oder Illustrationen zum Text.

Caspar Braun. Zeichnung von O. Roth

Wilhelms Idee: Man müsste die Bilder nicht länger nur als Beigabe zum Text betrachten, man müsste eines an das andere reihen und so die Geschichte aus den Bildern lesen. Ganz auf den Text zu verzichten wagt er dann doch nicht, das würde den Zugang für ein breites Publikum unnötig erschweren. Also muss ein Text her, ähnlich wie in der alten Form der Moritat, gereimt am besten, das stellt den Text auf dieselbe Ebene der Verfremdung wie die Karikatur. Mit beiden Formen kann man spielen, kann mit Spaß und Hintersinn aufspießen, was geradeheraus platt und banal klingen oder sofort verboten würde. Man kann damit zustechen und tut doch keinem weh.

Er selbst schreibt über seine Bildergeschichten:

Lachen ist ein Ausdruck relativer Behaglichkeit. Der Franzel hinterm Ofen freut sich der Wärme um so mehr, wenn er sieht, wie sich draußen der Hansel in die rötlichen Hände pustet. Zum Gebrauch in der Öffentlichkeit habe ich jedoch nur Phantasiehanseln genommen. Man kann sie auch besser herrichten nach Bedarf und sie eher tun und sagen lassen, was man will. Gut schien mir oft der Trochäus für biederes Reden, stets praktisch der Holzschnittstrich für stilvoll heitere Gestalten. So ein Konturwesen macht sich leicht frei von dem Gesetze der Schwere und kann, besonders wenn es nicht schön ist, viel aushalten, eh' es uns weh tut. Man sieht die Sach' an und schwebt derweil in behaglichem Selbstgefühl über den Leiden der Welt, ja über dem Künstler, der gar so naiv ist.

Drei Punkte verrät er hier, die seine Bildergeschichten wesentlich kennzeichnen: Lachen, Schadenfreude, Schwerelosigkeit. Wie steht es darum in seinem Leben?

Die Umgebung, die Menschen, die ihn geprägt haben, sind ernsthaft und nüchtern. Die Behaglichkeit weicht in der Zeit der einsetzenden Industrialisierung immer mehr einem emotionslosen Funktionierenmüssen. Das Lachen ist ihm ein Losreißen, der Realität ein Schnippchen schlagen, ein Wegkommen aus den sorgenvollen Verhältnissen.

Wenn er sich mit dem Franzel hinter dem warmen Ofen, also mit der bequemen Mehrheit der Menschen verbündet und ihr den rot gefrorenen Hansel da draußen vorführt, dann setzt er mit sicherem Instinkt auf das, was er von sich so gut kennt und was er mit Recht bei allen vermutet: auf die Freude der zu kurz Gekommenen, auf die Schadenfreude. Trotz aller vordergründiger Empörung, die heimliche Zustimmung gerade in diesem Punkt ist ihm auch heute noch sicher.

Sich leicht machen, frei sein vom Gesetz der Schwere, über den Leiden der Welt schweben. Das schreibt einer, der in seinem Leben das genaue Gegenteil ist. Gegensätze ziehen sich an. Je mehr er verhaftet ist in den kleinen Verhältnissen, in den alltäglichen Sorgen, je mehr er seine Unbeholfenheit spürt als Landmensch in der Großstadt, als Mann gegenüber Frauen, als Unpolitischer gegenüber der Politik, desto mehr möchte er frei sein, leicht, schwerelos. In seinen Bildergeschichten folgt er diesem Traum. Die *Sach'* funktioniert. Zwar merkt man seinen ersten Beiträgen in den *Fliegenden Blättern* noch deutlich das Suchen und Tasten an, vieles ist noch in Prosa, ungelenk und den Kneipzeitungsglossen ähnlich, ein Märchen entnimmt er seiner Sammlung *Ut oler Welt*, aber mit zunehmender Übung entwickelt er eine Geschliffenheit, die bald zu seinem Markenzeichen wird. Das Publikum ist neugierig geworden. Caspar Braun fordert neue Geschichten.

Er ist von der Hauptstraße der Kunst abgebogen auf einen Nebenweg, er hat der Notwendigkeit zum Broterwerb nachgegeben, hat einen Kompromiss geschlossen, aber er hat auch etwas gefunden, was seinem Wesen entspricht.

Um die Jahreswende 1859/60 wagt er sich, der besorgten Mutter zuliebe, nach Wiedensahl. Immerhin kann er nun eigene Einkünfte vermelden. Den Vater stimmt es nicht milder. Was Ordentliches ist die *Sach'* für die Wiedensahler noch lange nicht. Dass einer sein Brot mit solchem Gekritzel verdient, will nicht recht einleuchten. Also Kehrtmarsch nach München und ran an die Arbeit.

Aber im Januar/Februar 1860 ist die Stadt vom Fasching beherrscht. Vom Künstlerverein »Jung-München« wird in dieser Hinsicht einiges erwartet. Wilhelm schreibt in Bierlaune ein Libretto und Theaterzettel zu einem Märchensingspiel mit dem Titel *Liebestreu und Grausamkeit.* Immer wieder mal braucht er Ausflüge in die Banalität.

Aus zwei »Jung-Münchner« Bekannten sind Freunde geworden. Zu dritt brechen sie im Juni zu einer Studien- und Wanderfahrt auf. Ernst Hanfstaengl, Fotograf und Maler, Verlegersohn, acht Jahre jünger

Wilhelm Busch und Otto Bassermann

als Wilhelm, nimmt sie mit zum Sommersitz seiner Eltern im Hochschloss Pähl. Auch der andere Freund ist Verlegersohn, Otto Bassermann, sieben Jahre jünger als Wilhelm, Sohn des verstorbenen Friedrich Bassermann aus Heidelberg. Dem Otto hat der Arzt wegen eines Augenleidens das Lesen und Schreiben verboten und Wilhelm ist während der Reise sein Vorleser und Sekretär.

Mag sein, dass die beiden Jüngeren zu ihm aufsehen und dass ihm das gut tut. Sein Selbstwertgefühl ist schwankend, mal hoch oben, mal tief unten. Dass er beginnt, mit einer Sache Erfolg zu haben, die ihm selbst nicht wichtig erscheint, damit muss er erst umzugehen lernen. Weiterhin malt er in Öl und zeigt es keinem.

In München wohnt er jetzt in der Heustraße Nr. 7 bei der Doktorswitwe Mathilde Stockhammer. Er arbeitet zu Hause, raucht wie ein Schlot und gehört zu den besonders hartnäckigen Wirtshaushockern, die sich im »Orden der Nachtlichter« zusammengefunden haben.

Das unsolide Leben fordert Tribut. Im November liegt er für drei Wochen im Bett. »Schleimfieber« nennt er die Krankheit, »Nikotinvergiftung« würden wir heute sagen. ... *einige Zeit glaubte ich, es sei aus mit mir*, schreibt er.

Dann rappelt er sich wieder auf, stürzt sich mit erhöhtem Eifer auf die Holzklötze, um den verloren gegangenen Verdienst wieder einzuarbeiten.

Der schlitzohrige Caspar Braun weiß seinen Autor gründlich auszunützen. 1862 lässt er unter dem Begriff *Münchner Bilderbogen* unter anderem auch sechs von Wilhelm Buschs Erstlingsgeschichten in Buchform erscheinen, süßlich aufgemacht, wie man eben denkt, dass es besonders Kindern entgegenkommt, ohne Namensnennung des Autors und ohne einen Pfennig Honorar. Denn mit einer einmaligen Zahlung hat er dem immer noch unerfahrenen Autor alle Rechte abgekauft und kann die Geschichten veröffentlichen, sooft und wie er will. Wilhelm Busch hat keine Handhabe, sich dagegen zu wehren, aber er ist verärgert und merkt sich die Sache.

Ärger gibt es in diesem Jahr auch im Künstlerverein. Zwei Wilhelms, Wilhelm Busch und der Genremaler Wilhelm Diez, betreiben die Spaltung von »Jung-München«. Sie kehren dem Vereinslokal Kapler den Rücken, ziehen zum Lettenbauer in der Landwehrstraße um und gründen eine Gegenkneipzeitung, den *Knotenstock*. So stark ist Wilhelm in diese Nebensachen verstrickt, dass er selbst kaum merkt, wie für ihn allmählich eine Hauptsache daraus wird.

Das Hin und Her zwischen München, Lüthorst und Wiedensahl setzt sich fort. Nie ist er länger als sechs Monate in München. Wahrscheinlich ist ihm bei Caspar Brauns Übertölpelung klar geworden, dass sich seine Bildergeschichten auch für die Buchform eignen. Seit 1861 sitzt er nun meist im elterlichen Haus in Wiedensahl, zeichnet und reimt, *ohne wem was zu sagen*, beliefert zähneknirschend den Münchner Verleger, hört sich aber auch anderweitig um und – Braun soll's ärgern – schickt vier seiner Bildergeschichten nach Dresden, wo sie im Herbst 1864 im Verlag von Heinrich Richter unter dem Titel *Bilderpossen* als erstes von ihm geplantes Buch erscheinen.

Er ist misstrauisch geworden und vorsichtig in jeder Hinsicht. Der Rückzug wird ihm mehr und mehr zur Lebenshaltung. Den Mächten da draußen ist nicht zu trauen, den Verlegern nicht und der Politik schon gar nicht. Ende 1863 spielt sein Freund Otto Bassermann mit dem Gedanken, sich einer Freischar anzuschließen, wie sie sich damals überall im

Deutschen Bund bildeten, um mit militärischem Einsatz die Herzogtümer Schleswig und Holstein der dänischen Herrschaft zu entreißen. Wilhelm rät ab:

In diese Wogen sich zu stürzen, dürfte wohl nur demjenigen zuträglich sein, der zugleich Amt und Beruf hat sie zu beherrschen. – Wer's thut, um im Trüben zu fischen, der mag seinen Lohn immerhin nehmen; wer's thuth, um die Konfusion seines Inneren durch Bewußtlosigkeit zu ertränken, der kommt wohl nur zum Ziel, wenn er in den Wellen zugleich seinen Tod findet; wen aber die Begeisterung für ein Ideal hinaustreibt, der wird, wenn die Gewässer sich verlaufen, indem er einen schönen Zug seines Herzens vereitelt sieht, für einen Fehler seines Verstandes zu büßen haben. – Nenne mich immerhin engherzig: aber Egoismus, Unklarheit, Wankelmuth, Undank sind die ewig unvermeidlichen Attribute jener großen Maße, die das Volk genannt wird. – Die leiseste Berührung einer Thatsache, die mit ernster Mahnung an dein Leben trat, wird dich von dieser Wahrheit überzeugen …

Die *Thatsache*, auf die Wilhelm hier anspielt, ist für Freund Otto eine schmerzliche Erfahrung. Im Jahr 1855 hatte sich sein Vater, der Verleger Friedrich Bassermann, aus Enttäuschung über die politische Entwicklung nach 1848 das Leben genommen.

Manchmal ist Wilhelm jetzt auch in Wolfenbüttel. Bruder Gustav, wie Justus Ebhardt eine Zeit lang Seemann, hat geheiratet, ist jetzt Konservenfabrikbesitzer und wohnt in einem ehemaligen Forsthaus am Stadtrand. Aber es ist nicht nur brüderliche Liebe, die Wilhelm nach Wolfenbüttel zieht. Der zweite Grund heißt Anna Richter, ist 17 Jahre jung, kommt aus dem Eulenspiegelort Schöningen und lernt im Haushalt des Bruders das Kochen. Wilhelm, inzwischen 32, ist verliebt. An Freund Otto meldet er nach München:

In Wolfenbüttel blieb ich über 14 Tage bei durchweg sonnigem Wetter. Herrlich! Erdbeerbowlen, Waldparthien und ländliche Spiele. Wie man so kindisch sein kann! Aber schön war's! – Besonders die Parthie nach der Köhlerhütte, tief im dunkelgrünen Wald, mit Wein in Menge und recht lustigen Frauenzimmern; beim Heimwege am späten Abend, Mädchen am Arm, flimmerte alles von tausend und tausend Funken, theils aus dem Kopf heraus, theils drum herum von Johanneswürmchen, wie ich so viel noch nie beieinand gesehn. Ein hübsches Kind, das ich da wiederfand, bot mir auf's neue manch heimlich-gute Stunde. Ein närrisches Herz, was der Mensch im Leibe hat!

Zum ersten und einzigen Mal in seinem Leben versucht Wilhelm nun ernsthaft die Wünsche seines Herzens in die Wirklichkeit zu holen. Er überwindet sein Misstrauen, schwingt sich auf und setzt sich ganz der Realität aus. Im Sommer 1864 erscheint Wilhelm Busch bei dem Kurzwarenhändler Adolph Richter in Schöningen und hält in aller Form um die Hand seiner Tochter Anna an. Aber keine noch so bedeutenden Pläne, keine noch so hoffnungsvollen Zukunftsaussichten können den Herrn Adolph Richter erweichen. Nichts Handfestes kann der Antragsteller vorweisen. Einem Hungerleider will der treu besorgte Vater seine Tochter nicht zur Frau geben. Maler, Schriftsteller? Pah, das kann ja jeder sagen.

Die Stiche, die das wirkliche Leben versetzt, schmerzen und reichen tief. Aber den Schmerz will er sich nicht anmerken lassen, diesen Triumph will er niemandem gönnen. Sich öffnen? Anderen vertrauen? Vorbehaltlos sein? Nie wieder. Er frisst alles in sich hinein und schreibt Jahre später ein melancholisch-bissiges Gedicht.

Die Bilderpossen, auf die er viel Hoffnung gesetzt hat, werden ein Misserfolg. Der Verkauf vollzieht sich nur schleppend. Möglicherweise hat der Dresdner Verleger zu wenig Werbung gemacht, möglicherweise haben die Sachsen keinen Sinn für diese Art von derbem Humor. Vielleicht aber auch sind die vier Bildergeschichten bis auf die erste, der *Eispeter*, so überzeugend nicht. In der letzten Geschichte zum Beispiel, einem ziemlich dünnen Aufguss des Märchens *Hänsel und Gretel* steht der Reim: *Die Hexe kriegte ihren Lohn / Tot hängt sie an der Gabel schon*. So direkt darf man die Sache nicht machen. Jede Erinnerung an die Erdenschwere stört den Fluss der Geschichte.

Trotzdem hofft er auf weitere Zusammenarbeit mit dem Verlag Heinrich Richter und schickt ihm *ein kleines Kinderbuch* mit dem Angebot, es zur Entschädigung für die entgangenen Einnahmen bei den *Bilderpossen* ganz ohne Honorarzahlung zu veröffentlichen.

Heinrich Richter reagiert zögerlich. Er gibt das Manuskript seinem berühmten Vater, der es im Kreise seiner Künstlerfreunde herumzeigt. Die gestandenen Künstler lachen sich eins. Aber – so kommt schließlich der ablehnende Bescheid aus Dresden – Leute, die an so etwas Spaß haben, kaufen keine Bücher.

Was nun? Sein Hin- und Herreisen kostet Geld und die Kämpfe um Unterstützung durch den Vater sind nicht immer erfolgreich. Am 5. Februar 1865 setzt er sich in Wiedensahl hin, schreibt einen diplomatischen Brief an Caspar Braun in München und bietet ihm »die kleine Kindergeschichte« an. *Ich habe mir gedacht, es ließe sich als eine Art kleiner Kinder-Epopöe vielleicht für einige Nummern der Fliegenden Blätter und mit entsprechender Textveränderung auch für die Bilderbögen verwenden.* Caspar Brauns verlegerische Spürnase wittert Morgenluft. Er reagiert gründlich und schnell. Weder im Rahmen der *Fliegenden Blätter* soll die Sache erscheinen noch als *Münchner Bilderbogen*, sondern gleich und sofort als Buch. Der Autor erhält ein einmaliges Honorar von 1000 Gulden. Das entspricht etwa zwei Jahreslöhnen eines Handwerkers. Wilhelm kommt es fürstlich vor. Schon im Juli 1865 wird die »kleine Kindergeschichte« ausgeliefert. Sie heißt *Max und Moritz*.

Schopenhauer und sein Pudel.
Karikatur von Wilhelm Busch

… wer also nicht die Einsamkeit liebt, der liebt auch nicht die Freiheit: denn nur wann man allein ist, ist man frei …

Arthur Schopenhauer

IV

Im Haus der besseren Leute

Es klopft. Wilhelm öffnet die Augen, blinzelt zur Decke, durchmisst den Raum mit schlaftrunkenem Blick und muss sich einen Moment lang besinnen. Ach so, Frankfurt am Main, Ecke Bockenheimer Landstraße – Wiesenau, gleich neben Rothschilds Garten. Die Villa des Bankiers Daniel Heinrich Keßler. Und der, der jetzt seinen Kopf zur Tür hineinstreckt, ist Otto, Wilhelms Bruder, Hauslehrer hier in dieser anderen Welt. Schon wieder ganz in Schale, als wäre er nach ihrem gestrigen nächtlichen Gespräch gar nicht im Bett gewesen. Er tritt jetzt ganz ins Zimmer und zieht die Tür hinter sich zu.

»Die gnädige Frau wünscht uns in einer halben Stunde am Frühstückstisch im Garten«, sagt Otto.

Wilhelm richtet sich auf. Halb unterdrückt er das Gähnen, halb den Spott. Es reizt ihn mächtig, diesem Frankfurter Katzbuckelton eine derbe Wiedensahler Grobheit entgegenzusetzen, aber im letzten Moment besinnt er sich anders und lässt es bei einem Lächeln. Die gnädige Frau. Sie hat ihn empfangen gestern Nachmittag mit einer gewandten Freundlichkeit, die ihn unsicher macht, in seinem Urteil zögern lässt. Etwas ist in ihrem Blick, das hat er hier nicht erwartet. Oder sollte er sich schon wieder täuschen?

»Die Gnädige!«, gähnt Wilhelm, Ottos Ton nachäffend, wirft die Decke zurück und stakst mit nackten Waden über den Bettrand. Otto ist neben dem Tisch stehen geblieben. Er sieht ihn an, als müsse er ihm ein Geständnis machen.

»Ich habe es dir gestern schon sagen wollen«, beginnt Otto. »Damit du Bescheid weißt. Sie ist ganz versessen auf Bilder. Ich habe ihr von deinen erzählt …«

Wilhelm sieht auf. Es funkelt in seinen Augen. Otto verstummt. Schuldbewusst senkt er die Augen. Gleich wird Wilhelms Zorn hervorbrechen, wird den schönen Morgen mit Vorwürfen verdunkeln. Wie konntest du nur? Und: Habe ich es dir nicht gesagt? Meine Bilder gehen keinen was an.

Aber Wilhelm schweigt weiter. Er stößt sich von der Bettkante ab, tappt durchs Zimmer zur Waschkommode und schaufelt sich zwei Hände voll Wasser ins Gesicht. Es tropft in die Schüssel, perlt über den Bart. Im Spiegel sieht Wilhelm, wie Bruder Otto zur Tür zurückweicht.

»Also«, sagt Otto, »in einer halben Stunde im Garten!«

»Danke untertänigst!«, murmelt Wilhelm und schwappt sich noch einmal Wasser über die Augen. Dann reibt er sich das Gesicht trocken, und als er das Handtuch absetzt, ist Otto verschwunden.

So, denkt Wilhelm trotzig, die Frau will große Bilder sehen. Historiengemälde, erhabene Landschaften, feierliche Porträts. Kein Wort von dem Erfolg, den seine beiden Lausbuben ihm ohne alles Geschwätz der Zeitungsleute eingebracht haben. In diesen Kreisen wollen sie nur hohe Kunst.

Er zieht sich an und geht im Zimmer auf und ab. Unruhe hat ihn erfasst. Warum ist es ihm nicht gleich, was die Frau von ihm denkt?

Vor dem großen Fenster bleibt er stehen. Unten vor der Villa sieht er seinen Bruder über den Kiesweg gehen, die Hände im Rücken verschränkt, leicht nach vorn gebeugt. Fehlt nur noch der Pudel, denkt Wilhelm, dann könnte man ihn wahrlich für den pessimistischen Philosophen halten, der noch vor zehn Jahren hier durch den Frankfurter Stadtwald spaziert ist.

Bis spät in die Nacht hinein haben sie gestern über Schopenhauer gegrübelt. So viel und so intensiv hat er noch nie mit dem Bruder geredet. Er kennt ihn kaum, den Doktor der Philosophie, der hier seine Rolle als Hauslehrer spielt. Ottos Geburt war der Grund, warum sie ihn, Wilhelm, weggegeben haben zum Onkel nach Ebergötzen. Vielleicht sollte er ihm am Ende noch dankbar sein dafür, dass er ihn aus dem Nest gedrängt hat.

»Die Welt ist das Reich des Zufalls und des Irrtums«, sagt Schopenhauer. »Darum sollen wir nur nach dem streben, was kein Zufall raubt und nur das behaupten und nach dem handeln, worin kein Irrtum möglich ist.«

Diese Klarheit der Gedanken, diese unbestechliche Konsequenz. Otto ist in den Garten hinein verschwunden. Nicht Garten, Park wäre das richtige Wort. Geht man über die verschlungenen Wege, staunt man hinter jeder Biegung von neuem. Blühende Blumenbeete, Sträucher, hohe Bäume, mittendrin eine Wiese, man meint, man wäre im Wald. Da hat Otto sein Bienenhaus gebaut, gleich als Erstes hat er es ihm gestern gezeigt.

Von seinem Beobachtungsposten aus hinter dem Fenster sieht er das Hausmädchen mit einem Tablett voll kostbarem Porzellangeschirr über den Kiesweg gehen, und er spürt eine seltsame Neugier in sich wachsen, die all seine engherzigen Bedenken verdrängt. Wieder geht er im Zimmer auf und ab, zieht sein Jackett gerade, streicht ein paar Fussel vom Ärmel, bleibt vor dem Spiegel stehen und überprüft noch einmal seine Erscheinung. Der Münchner Bierbauch ist wieder etwas zurückgegangen, die Zeit der Nachtlichter ist nun schon lange vorbei, er hat sich dem Künstlerverein mehr und mehr entzogen, der Kassenwart hat vergeblich seinen Beitrag angemahnt. Ohne große Verwunderung hat er in Wiedensahl die Nachricht zur Kenntnis genommen, dass »Jung-München« sich aufgelöst hat.

Wilhelm sieht in den Garten hinunter. Wahrscheinlich, denkt er, sitzt die Familie schon längst am Frühstückstisch. Die Villa hat nicht nur eine Tür zum Garten hinaus. Besser, er lässt sie noch eine Weile warten, als dass er durch Zu-früh-kommen seine Neugierde verrät. Schließlich zupft er sich den Hemdkragen zurecht, streicht über den Bart und macht sich auf den Weg.

Der gedeckte Tisch im Schatten des großen Ahornbaums ist noch unbesetzt, sie stehen bei den Rosen, und Otto fachsimpelt, was auch er vom Onkel Kleine in Lüthorst über Rosen gelernt hat. Noch bevor Otto zu Ende ist, dreht sich die Bankiersfrau zu Wilhelm um.

Sie lächelt.

»Herr Busch. Wie schön, dass Sie da sind. Ich hoffe, Sie hatten angenehme Träume in Ihrer ersten Nacht in Frankfurt.« Die Frau kommt auf ihn zu und streckt ihm die Hände entgegen. Eine Vertrautheit geht von ihr aus, als würden sie sich lange schon kennen.

»Danke verbindlichst«, antwortet Wilhelm steif.

Sie lächelt, dreht sich ihrem Mann zu, tritt einen Schritt zurück, damit sich die Männer begrüßen können. Sie drücken sich die Hände, nicken sich zu, halten beide auf Abstand.

»Wilhelm Busch aus Hannover«, stellt Johanna Keßler den Gast vor. »Mitglied der Königlichen Akademie der Künste zu Antwerpen und München.

Malt in Öl. Verweigert uns bis heute den Anblick seiner Bilder. Nebenher auch Zeichner und Poet.«

Der Bankier lächelt nachsichtig und gibt Wilhelms Hand frei. Zunächst, sagt sein Blick, ist er ja wohl der Bruder vom Hauslehrer Otto.

Dann kommen die Kinder, eins nach dem anderen, knicksen und verbeugen sich, geben dem Besuch artig die Hände. Die neunjährige Nanda will noch etwas sagen, aber die Mutter hat es jetzt eilig, alle am runden Tisch unter dem Ahornbaum zu platzieren. Nanda muss warten, bis sich die nächste Gelegenheit zum Sprechen für Kinder ergibt.

Wilhelm sitzt der Gastgeberin gegenüber. Sie trägt ihr schwarzbraunes Haar in der Mitte gescheitelt, streng nach hinten gekämmt. Dadurch kommt ihr Gesicht ganz zur Geltung. Ihr sicherer Blick gibt zu verstehen, dass sie weiß, was sie will. Warmherziges ist darin, dem man sich anvertrauen möchte. Kaum zu glauben, dass sie acht Kinder geboren hat, und dabei ist sie nur ein Jahr älter als Wilhelm.

Es gibt frische Hörnchen und Kaffee und, wie Johanna Keßler sagt, als Übernahme der Gewohnheiten ihrer britischen Freunde, zur Auswahl auch Tee. Das Hausmädchen läuft zweimal nach Milch und Kandis und wechselt auch den Honiglöffel aus, den die vierjährige Letty zu Wilhelms stillem Vergnügen abgeleckt hat.

Sie reden vom Wetter, vom Garten, über die

Frankfurter Droschkenkutscher. Auf Johanna Keßlers Nachfrage erzählt Wilhelm von seinem Besuch in Heidelberg bei Freund Bassermann, der inzwischen den väterlichen Verlag übernommen hat, erzählt vom Heidelberger Schloss und von der Maibowle, die sie mit Pfarrer Schmetzer im Pfarrgarten am Neckar in Ziegelhausen getrunken haben. »Ein drolliger Mann, dieser Pfarrer«, sagt Wilhelm. »Ein Freund übrigens des Dichters Victor von Scheffel.«

»Der Trompeter von Säckingen«, sagt Johanna Keßler. »Wussten Sie, Wilhelm, dass auch Scheffel eigentlich Berufung zum Maler verspürt hat?«

Wilhelm schüttelt den Kopf.

»Es gibt solche«, sagt die Bankiersfrau in vertraut-spöttischem Ton, »die meinen, für die Dichtung wäre es besser gewesen, er hätte gemalt. Denn sein *Trompeter* und sein *Ekkehard* scheinen doch gar zu sehr nach fremdem Holz geschnitzt. An unseren Heinrich Heine reicht er bei weitem nicht hin.«

Wilhelm staunt über ihr sicheres Urteil, aber er sieht auch den fast unmerklichen Seitenblick des Herrn Gemahl, der offensichtlich nicht damit einverstanden ist, den frechen Heine als den »unseren« zu akzeptieren.

Der Blick hat genügt, um das Gespräch für eine Weile stocken zu lassen. Die Kunst- und Kulturwelt hat schweigend ihre Abhängigkeit von der Geldwelt zu ertragen. Auch wenn es ihr schwer fällt, wie Wilhelm zu bemerken glaubt, geht die Frau des Bankiers kein Risiko ein, ihren schöngeistigen Zeitvertreib zu gefährden, und wechselt gewandt das Thema.

Wilhelm wundert sich, zu welchen Kompromissen sie fähig ist. Und doch hat sie Charme und Würde.

Es gelingt Johanna Keßler sogar, ihren Gemahl wieder in heitere Stimmung zu versetzen, und als sie ganz sicher ist, er wird sich nun nicht mehr in die Niederungen ihrer Angelegenheiten einmischen, verkündet sie, was sie längst beschlossen hat.

»Es ist ein so schöner Tag heute«, lächelt sie und wendet sich Otto Busch zu. »Wir haben Freund Burger in Kronberg für diese Woche unseren Besuch angesagt, und ich meine, wir sollten uns heute entschließen.«

Otto nickt und gibt pflichtschuldig zu bedenken, dass für diesen Fall der Unterricht seiner Zöglinge ausfallen müsste.

»Der Unterricht kann warten«, sagt Johanna Keßler. »Wo lernt man denn an einem solchen Tag mehr als in der Natur.«

Nanda und Letty freuen sich, Wilhelm schmunzelt und nickt.

»Ich werde Friedrich sagen, dass er anspannen soll. In der Küche werden die Körbe für das Picknick gefüllt. Wir dürfen doch mit Ihnen rechnen, Wilhelm?«

»Mit Vergnügen«, sagt Wilhelm und schickt einen heimlichen Blick zum Bankier hinüber. Der scheint ganz unbeteiligt, und wenn Wilhelm sein nun wieder ernstes Gesicht richtig deutet, dann ist er in Gedanken längst in die Börsenwelt übergewechselt. Und tatsächlich, er lässt das zur Hälfte gegessene Hörnchen auf dem Teller zurück, erhebt sich langsam und um Würde bemüht, dann nickt er ihm, dem Gast, zu und sagt höflich und kühl: »Ich wünsche einen angenehmen Aufenthalt.«

Unsicher, wie er sich verhalten soll, flüchtet sich Wilhelm in Höflichkeit, steht auf, streckt die Hand aus und sagt: »Danke ergebenst.«

Der Bankier lächelt. Milde und herablassend. »Nehmen Sie doch wieder Platz, Herr Busch. Gern würde ich mich an Ihren unterhaltsamen Gesprächen beteiligen. Leider aber erfordern die Geschäfte nun meine Anwesenheit.«

Damit tritt er zurück, setzt sorgsam den Stuhl an den Tisch, verbeugt sich noch einmal und reicht seiner Frau, die sich gleichfalls erhoben hat, den Arm. Als wäre sie ihm angewachsen, schwebt sie neben ihm den Gartenweg hinunter. Wilhelm blickt ihnen hinterher. Ein seltsamer Schmerz ist da in seiner Brust. Und ein seltsamer Gedanke. Als habe der Bankier kein Recht, ihm seine Frau zu entführen.

Von den Erwachsenen unbemerkt, hat Nanda schon eine Weile den Gast neben sich mit neugierigen Blicken gemustert, jetzt rutscht sie vom Stuhl und zieht ein Buch unter dem Kissen hervor. Sie hält es vor sich hin und sieht abwechselnd auf das Titelblatt und dem fremden Mann ins Gesicht.

»Max und Moritz«, buchstabiert sie das Fettgedruckte. »Von Wilhelm Busch.« Dann gibt sie sich einen Ruck, streckt die Hand aus und richtet den Zeigefinger entschlossen auf Wilhelm. »Das bist du. Wilhelm Busch. Das hat Mama gesagt. Und schöne Bilder kannst du malen. Mama hat gesagt …«

»Aber Nanda«, unterbricht Otto das Mädchen. »Wie redet man denn erwachsene Menschen an?«

»Nun lass doch«, sagt Wilhelm und zu Nanda gewandt: »Wenn die liebe Mama das sagt, dann wird es wohl stimmen.«

Nanda nickt eifrig, aber im Zweifel, ob sie nun »du« oder »Sie« sagen soll, bleibt ihr erst mal die Sprache ganz weg.

»Hat denn die liebe Mama das Büchlein schon vorgelesen?«, fragt Wilhelm.

»Ja«, sagt Nanda. »Und wir haben auch recht gelacht über die frechen Lausbuben. Nur Letty hat sich ein wenig gefürchtet. Sag mal, du …« Erschrocken hält sie sich die Hand vor den Mund, sieht schuldbewusst zu ihrem Lehrer hin, schluckt, und schnell plappert sie weiter: »Warum sind Max und Moritz böse?«

Wilhelm lächelt und überlegt. Eine wirkliche Antwort auf diese Frage, denkt er, wäre die Lösung für alle Rätsel über das menschliche Wesen. Nur Kinder können so treffend fragen. Nur ihnen ist der direkte Weg noch offen. Nichts wissen sie von den Kompromissen, mit denen sich die Erwachsenen das Leben schwer machen, von all den Kompliziertheiten, in die jeder verstrickt wird, sobald er den Schonraum der Kindheit verlässt. Es stimmt nicht, dass Kinder dumm sind. Dumm sind die Erwachsenen. Sie können die richtigen Fragen nicht mehr stellen. Und sie können auch keine richtigen Antworten mehr geben.

Wehmütig lächelnd sieht Wilhelm Nanda in die Augen. Es ist ihm, als würde er sich plötzlich selber darin erkennen. So hat auch er einmal gefragt. Was ist aus ihm geworden?

»Warum sind Max und Moritz böse?« Nandas Stimme klingt dringlich. Sie will es unbedingt wissen.

Irgendetwas wird er nun antworten müssen. Aber er ist ein Erwachsener geworden. Wie soll er da antworten können? Weil sie leben wollen, könnte er sagen. Wir alle müssen böse sein, weil wir leben wollen, Nanda, so ist das auf der Welt. Aber das wird sie nicht verstehen können. Sie ist doch ein Kind. So dumm ist sie noch nicht.

»Ach Nanda«, sagt Wilhelm, »wenn ich das wüsste.«

»Du hast es dir doch ausgedacht«, drängt Nanda.

Wilhelm nickt schweigend und ernst.

»Also Nanda!« Auf einmal ist da wieder Johanna Keßlers Stimme. Eine Weile hat sie wohl schon hinter ihm gestanden und zugehört. »Also Nanda! Du fragst dem guten Onkel Wilhelm am Ende noch ein Loch in den Bauch!«

Alle lachen wie befreit. Allein ihre Rückkehr ohne den Bankier und Vater scheint unausgesprochen Grund zu ausgelassener Stimmung zu sein.

»Onkel Wilhelm«, greift Nanda dankbar das von der Mutter gegebene Stichwort auf. »Onkel Wilhelm, liest du uns vor?«

Es bleibt ihm keine Möglichkeit, sich zur Wehr zu setzen, schmunzelnd nimmt er das Buch zur Hand, Nanda rechts, Letty links, auch die älteren Keßler-Kinder recken die Hälse über den Tisch, das Hausmädchen räumt ab, im Fortgehen mahnt Johanna Keßler: »In einer halben Stunde ist die Kutsche bereit«, dann verschwindet sie neben Bruder Otto in Richtung Villa, und Wilhelm blättert das Buch auf und beginnt:

Ach was muß man oft von bösen
Kindern hören oder lesen! …

In der offenen Kutsche rattern sie über die Bockenheimer Landstraße hinaus, über Eschborn und Schwalbach, der laue Fahrtwind streicht um ihre Köpfe, die Waldhänge des Taunus stehen in frischem

Grün, und Wilhelm gegenüber sitzt lächelnd die Frau des Bankiers, fragt ihn nach Kaulbach in München, erzählt, dass Burger, zu dem sie fahren, auch in Antwerpen war und in Düsseldorf und in München, es scheint, alle Maler der Welt waren an denselben Orten und werden von denselben Menschen gekannt und verehrt. Und es scheint, als habe Johanna Keßler, ohne je ein Bild von ihm gesehen zu haben, die unbeirrbare Erwartung, er werde eines Tages zu den ganz großen Malern zu zählen sein. Wer weiß, was Otto ihr alles erzählt hat.

Ihre Gegenwart macht ihn verlegen. Das ärgert ihn. Aber sie ist so sicher, so bestimmt in allem, was sie sagt und tut. Noch nie hat er sich einer Frau unterlegen gefühlt. Aber seltsamerweise macht ihn das neugierig. Er will wissen, wo sie ihre Schwäche versteckt hat. Alles verstehen, mit allen Verwicklungen umgehen können, das gibt es doch nicht. Sie gibt große Gesellschaften, weiß er von Otto. Mal Kunst und Kultur, mal Finanzwelt und Honoratioren. Wilhelm hasst Geselligkeiten wie diese. Mit zwei, drei vertrauten Menschen kann er die Nacht durchzechen und reden, aber im großen Kreis über Kunst schönschwätzen ist ihm ein Gräuel. Er weiß selbst nicht, will es nicht wissen, warum er drauf und dran ist, sich von Johanna Keßler als etwas vereinnahmen zu lassen, was er nicht sein will. Woher kommt die Lust, sich einfach ihrem Lächeln zu überlassen? Vielleicht, denkt er, ist es nur seine dörfliche Versimplung, die ihn hindert, die große Welt zu erfassen. Vielleicht muss er nur nachgeben. Aber tief in sich spürt er Warnung und Trotz, gerade seine Versimplung mit Händen und Füßen als sein Eigenstes und Bestes zu verteidigen. Wachsam will er sein, nimmt er sich vor, und misstrauisch. Aber ein kleines bisschen das Leben spüren, ein kleines bisschen hier dazugehören, das wäre nicht schlecht.

Die Kutsche rumpelt weiter über den Katzenkopfstein bergan, sie fahren durch Wälder, dann wieder über offenes Land, Licht und Schatten, Weite und Enge wechseln, und bei jeder sich bietenden Gelegenheit winken Nanda und Letty den Bauern auf den Feldern zu. Selten winkt einer zurück.

Am späten Vormittag rollt die Kutsche dem Südhang des Altkönigs entgegen, nach Kronberg hinein, dessen Anblick ganz von der über der Stadt thronenden Burg auf den Felsen beherrscht wird. Sie halten vor Burgers Haus. Obwohl sie den »verehrten Malerfreund«, wie Johanna Keßler ihn nennt, nur zum Picknick abholen wollen, werden sie von Anton Burger und seiner Frau hereingenötigt, auf eine kleine Erfrischung nur, und, Wilhelm registriert es mit Ungeduld und ergebenem Schweigen, auf eine sich länger hinziehende Fachsimpelei im Atelier des Meisters.

Der Maler Schreier ist da, und als der hört, dass

auch Wilhelm vom Fach ist, finden seine weitschweifigen Betrachtungen kein Ende. Es schmerzt Wilhelm fast körperlich, ihn über die geliebten alten Niederländer babbeln zu hören. Wilhelm steht am Fenster, sieht sehnsüchtig in den schönen Maitag draußen, sein Blick wandert über die Felsen und Winkel des kleinen Städtchens. Er schweigt beharrlich, lässt sich durch keinen noch so offensichtlichen Versuch in das Gespräch ziehen, nur einmal sagt er unvermittelt zwischenrein: »Ich mal nur bei Nordlicht«, was Burger und Schreier sofort veranlasst, den Lichteinfall im Atelier zu überdenken, und Schreier schlägt allen Ernstes vor, die alte Blutbuche vor dem Fenster zu fällen, damit der Meister im rechten Licht steht.

Johanna Keßler hat der Fachsimpelei schweigend zugehört. Jetzt tritt sie mitten in den Raum und – Wilhelm vermerkt es dankbar – drängt die Herren nun entschieden zum Aufbruch.

Schreier, zum Glück, verabschiedet sich, Anton Burger und Frau steigen in die Kutsche zu, sie rücken zusammen, Nanda, nach kurzem Zögern, setzt sich dem Onkel Wilhelm auf die Knie.

Anton Burger lotst sie den Altkönig bergan, weist auf die keltischen Ringwälle hin, eröffnet mit weit ausladenden Armbewegungen immer wieder neue Ausblicke auf das Städtchen, als hätte er sie gerade selber gemalt. Vor zehn Jahren hat er sich hier niedergelassen, hat zusammen mit Jacob Fürchtegott Dielmann die Kronberger Malerschule gegründet, die inzwischen Ansehen und Erfolg hat. »Hier müssten Sie sein«, hat Johanna Keßler auf der Fahrt zu Wilhelm gesagt. »Hier könnten Sie arbeiten. Hier hätten Sie Anregung.«

Auf einem breiten Felsvorsprung, unter hohen Eichen und Buchen, mit Blick auf die Stadt, aber weit genug, um nicht gesehen und gehört zu werden, halten sie an, breiten eine große Decke über Laub und Moos, öffnen Picknickkörbe und Weinflaschen und laben sich an Frankfurter Würsten, kalten Hühnerbeinen und saftigem Schinken.

Nach der Mahlzeit genießen sie wieder die schöne Aussicht, und Anton Burger, als sei er von Johanna Keßler instruiert, sagt andeutungsvoll: »Die Bilder fallen einem nur so zu in dieser Weltenecke.«

Wilhelm überlegt. Kann es sein, dass einen die Bilder von außen anspringen? Müssen sie nicht von innen her wachsen, wenn es wirkliche Bilder sein sollen und nicht nur Postkarten mit Schönwetteransichten? Dann hätte die neue Erfindung, die Fotografie, die Malerei längst überflüssig gemacht. Müssen nicht Kindheit und Kenntnis der Menschen immer mitgemalt sein?

Kann man sich eine Landschaft einfach so aussuchen, wie Burger es gemacht hat? Könnte er das?

Vielleicht haben sie doch Recht, Burger und die

Frau Keßler? Vielleicht braucht er Anregung. Mit den eigenen Bildern kommt er nicht weiter. Aber er versucht doch selbst schon so viel. Vielleicht zu viel, vielleicht zu Verschiedenes. Landschaften, Porträts, Interieurs. Er kann sich nicht entscheiden. Nichts will seinem Anspruch genügen. Nie würde er seine eigene Unfertigkeit zur Schau stellen wollen. So gut wie viele, die das bedenkenlos tun, könnte er's auch.

Mit den Bildergeschichten ist das was anderes. Das sind Nebensachen. Aber der Lärm, der darum gemacht wird, hat ihn doch auch heimlich gefreut. Meine Phantasiehanseln, denkt er trotzig, sind wahrhaft keine Schönheiten, die Ästhetiker zerreißen sich das Maul darüber, und die besseren Leute wollen sie nicht wahrnehmen, aber immerhin sind sie nach dem Leben empfunden und gearbeitet und nicht nur zufällige Ergebnisse Kronberger Idyllenjagd.

Dabei hat er nichts gegen Burger. Ohne den Schwätzer Schreier ist Burger erträglich, seine Frau angenehm zurückhaltend. Sie sprechen über Antwerpen und Düsseldorf, und Burger erzählt von Paris. Wie nebenher sagt er, was Johanna Keßler nun schon mehrfach gesagt hat: »Ein Gemälde von Ihnen, Busch. Das möchte ich sehen.«

Nanda und Letty kommen mit Otto von einem naturkundlichen Gang in den Wald zurück und werden von den beiden Frauen freudig begrüßt. Lachend legt Johanna Keßler ihre Arme links und rechts auf die Schultern ihrer Töchter. So kommen sie aus dem Schatten des Waldes, und Wilhelm Busch und Anton Burger, eben noch in Grübeleien vertieft, sehen auf.

»Meine Herren Künstler!«, lacht Johanna Keßler und bleibt vor der Picknickdecke stehen. »Schauen Sie nur. Schauen Sie richtig hin. Habe ich nicht zwei schöne Kinder!«

Die Männer lächeln und nicken und Anton Burger sagt: »Man müsste sie malen.«

Scherzhaft droht ihm Johanna Keßler mit dem Finger. »Denken Sie nur nicht gleich wieder an die Nützlichkeit, Burger. Freuen Sie sich. Freuen Sie sich mit mir!«

Diese Heiterkeit lässt alles vergessen. Tief in sich spürt Wilhelm einen gleißenden Schmerz. Es ist, als würde er aufwachen aus tiefem Schlaf. Als würde er ankommen aus langem Fortsein.

»Die Kinder sind doch das größte Geschenk, das diese Welt uns geben kann«, sagt Johanna Keßler.

»Mögen sie nur immer so glücklich bleiben«, sagt Wilhelm.

»Aber ja!«, lacht Johanna Keßler. »Was hindert sie daran?«

Wilhelm schweigt. Dieser Augenblick scheint ihm zu kostbar, um ihn gleich wieder zu zerstören. Er spürt, wie gut es ihm tut, sich bedenkenlos ihrer Heiterkeit zu ergeben. In ihrem Lachen steckt so viel Lebendigkeit. Lebendig sein will er doch auch!

Nanda flüstert ihrer Mutter etwas zu. Johanna Keßler nickt, dann wendet sie sich wieder den Männern zu. »Kommen Sie, meine Herren, wir wollen Ihnen ein Geheimnis verraten!«

Kutscher Friedrich bleibt bei den Pferden zurück, Nanda und Letty hüpfen voraus, die Erwachsenen folgen ihnen über einen schmalen Pfad in den Wald hinein.

Sie reden und lachen und nach einer Weile sagt Wilhelm: »So ist es recht. Den Kindern sollten wir folgen.«

Überrascht und voll dankbarer Zustimmung trifft ihn Johanna Keßlers Blick. »Ich hab es gewusst«, sagt sie weiter im heiteren Ton. »Sie sind doch ein verständiger Mensch.«

»Der Meinung sind nicht viele«, lacht Wilhelm.

»Geben Sie nur nichts darauf, was die Leute reden«, sagt die Frau. »Wer sich der Kunst verschreibt, muss wohl immer seinen eigenen Weg gehen.«

»Wer weiß, was Ihnen alles zu Ohren gekommen ist«, wagt Wilhelm zu sagen.

»Wie gut, dass wir zwei haben«, sagt Johanna Keßler und deutet erst auf ihr linkes, dann auf ihr rechtes Ohr. »Hier geht es hinein und da geht es wieder hinaus.«

Wilhelm schmunzelt. Diese Gelassenheit möchte er haben.

»Hier ist es! Hier ist es!« Nandas und Lettys Stimmen kommen von unterhalb des Weges. Die Kinder sind von hier oben nicht zu sehen.

»Nun also«, sagt Johanna Keßler und nickt den anderen auffordernd zu. »Sehen wir uns das Wunder an!«

Beim Abstieg den Laubhang hinunter reicht Wilhelm der Bankiersfrau hilfreich die Hand. Wie leicht das geht, wie selbstverständlich das ist.

»Hierher! Hierher!«, hört er Nanda und Letty rufen.

Hinter einem Felsvorsprung werden sie von den Kindern ungeduldig erwartet. Sie bleiben stehen und dann sehen sie es und staunen wirklich.

Aus einer Felsspalte, unter Farnkraut versteckt, quillt klares Wasser hervor, sammelt sich in einem kleinen Becken und schlängelt sich als Bach den Hang hinunter ins Tal.

»Wunderschön!«, sagt Wilhelm und zu den Kindern gewandt: »Da habt ihr uns großen Leuten aber eine rechte Freude gemacht!«

Nandas und Lettys Augen strahlen.

»Fühl mal, Onkel Wilhelm«, sagt Nanda, »wie kalt es ist. Puh!« Sie bückt sich und plätschert mit der Hand im Wasser.

Auch Wilhelm geht in die Hocke, steckt den Arm aus und taucht mit der Hand in das kalte Wasser. Wehmut überkommt ihn, Erinnerung. Einen Moment lang schließt er die Augen. Diesen Nachmittag möchte er festhalten. So sollte es sein. So sollte es bleiben. Aber wenn er die Hand bewegt, spürt er den Druck des Wassers zwischen den Fingern. Nichts wird er festhalten können. Er weiß es doch. Und möchte es trotzdem.

Auf dem Weg zurück geht er zwischen Nanda und Letty und erzählt:

»Das Wasser kommt aus der Quelle und wird zum Bach. Der Bach fließt in einen Fluss, und der Fluss fließt in einen anderen, und der fließt an einer Mühle vorbei, da rumpelt's und rattert's, und in der Mühle wohnt mein Freund, der Müller. Der sieht gerade zum Fenster heraus und erkennt's gleich auch richtig. ›Ach‹, sagt mein Freund, der Müller, ›da kommt ja das Wasser aus der Quelle, die die Nanda und die Letty entdeckt haben ...‹«

Wilhelm spürt Johanna Keßlers wohlwollenden Blick und spinnt seine Geschichte weiter. »Der Müller ruft gleich seine Gesellen her und zusammen rollen sie drei große Fässer von der Tenne und fangen darin das Wasser auf. Das Wasser ist nämlich ein Zauberwasser, das weiß der Müller natürlich, und jetzt steht's in seiner Mühle, und den guten Leuten, die ihn besuchen kommen, gibt der Müller einen Schluck von dem Wasser zu trinken ab, und dann sind sie für alle Zeit glücklich und froh.«

Als sie den Rastplatz wieder erreichen, begegnet Wilhelm Johanna Keßlers offenem Blick, und da weiß er, nun ist er aufgenommen, nun gehört er dazu.

Zum Abschluss des Nachmittags singen die Burgers und Johanna Keßler unter den hohen Bäumen am Waldrand »Am Brunnen vor dem Tore«, und Wilhelm kommt es vor, als würde er träumen. Alles Trennende ist vergessen jetzt, nur der Augenblick zählt, voller Erkennen und Zuwendung. Wann hat er das zum letzten Mal erlebt?

Alles ist in der Schwebe, fort alle Erdenschwere, richtig erscheint ihm jedes Wort, jedes Lächeln, jede Bewegung, die Vogelstimmen, das Kinderlachen, und selbst der Aufbruch und das Zusammenpacken erscheinen ihm immer noch in einen freundlichen Zauber gewoben.

»Denken Sie daran«, sagt Anton Burger beim Abschied in Kronberg. »Ein Gemälde von Busch. Dafür würd ich viel geben.« Wilhelm lächelt und nickt, winkt ihm gut gelaunt aus der fahrenden Kutsche zu, bis Burger und Frau hinter der Häuserzeile entschwinden.

Wieder sitzt Johanna Keßler ihm gegenüber, wieder wärmt ihn ihr Blick, aber je länger sie fahren, desto dünner wird die Wand zwischen seinem Traum und der Wirklichkeit, und Unsicherheit und Zweifel kehren zurück. Und als sie kurz hinter Schwalbach sagt: »Stellen Sie sich vor, Wilhelm, Sie wären hier. Wäre das nicht ein gutes Leben?« – da weiß er nicht, was er denken soll. Will sie, dass er seine kleine Welt aufgibt? Warum sollte sie das wollen? Würde sie denn auch ihre große aufgeben? Der Gedanke daran macht ihn schwindlig. Er weicht ihrem Blick aus und ist froh, als die unermüdliche Nanda das Kniereiterspiel von vorhin fortsetzen will.

Die Kutsche hält vor der Villa in Frankfurt, Otto und die Kinder sind vorausgegangen, da bleibt Johanna Keßler plötzlich neben ihm stehen und greift seinen Arm. »Wilhelm«, sagt sie beschwörend, »kommen Sie heraus aus Ihrem Versteck. Sie müssen malen. Richtige Bilder. Und dazu brauchen Sie Freunde wie Burger. Eine anregende Umgebung. Sie dürfen sich nicht länger verkriechen.«

Sofort ist auch der letzte Zauber verflogen. Zorn steigt in ihm auf. Abrupt löst er sich aus ihrem Griff, reckt theatralisch die Arme und sagt: »Meine Dame! Ich danke Ihnen für den überaus freundlichen Rat!«

Er will sich umdrehen, mit entschlossenen Schritten davonstampfen, aber er zögert doch zu lange, schon ist sie wieder neben ihm, und er hört ihre ruhige, Vertrauen erweckende Stimme.

»Wilhelm. Seien Sie nur nicht ungerecht. Hören Sie auf den Rat einer Freundin und bedenken Sie sich in Ruhe. Ich meine es gut mit Ihnen, das sollten Sie wissen.«

Sein Zorn legt sich, weicht der Scham, täppisch kommt er sich vor, und schon nicht mehr widerwillig passt er seine Schritte ihren langsameren an. Dann bleiben sie stehen. Abenddämmerung liegt über der Stadt. Die Bäume und Häuser, alles Wirkliche erscheint schattenhaft und Johanna Keßler lächelt. Wie schön dieses Lächeln ist. Wie unbeschwert. Wie sehr hat er darauf gewartet. Leise sagt sie: »Lassen Sie uns diesen schönen Tag nicht mit einem Misston beschließen.«

Er nickt artig und antwortet ebenso leise: »Verzeihen Sie bitte.« Lächelnd sieht sie ihm in die Augen, drückt seine Hand und sagt: »Die Wege der Menschen sind sonderbar. Manchmal führen allein die Umwege zum Ziel.«

Sammelbilder
1865–1873

Zu Hause in Wiedensahl warten die Holzstöcke für seine große Bienengeschichte auf ihn. *Schnurrdiburr* soll sie heißen. 136 Reinzeichnungen sind seitenverkehrt auf die Hölzer zu übertragen. Das erfordert Geduld.

Die aber hat Wilhelm jetzt nicht. Er lässt die »Holzarbeit« liegen, fährt nach Lüthorst und malt wie ein Besessener. Er malt, was er zu kennen glaubt, die kleine Welt, die einfachen Leute, Kinder, die sich gern für ein paar Groschen in Positur stellen. Line Weißenborn und die anderen jüdischen Kinder. Kennt er sie wirklich?

Im Juli ist er schon wieder in Frankfurt, bleibt aber nicht lange. Die liegen gebliebenen Holzstöcke bereiten ihm ein schlechtes Gewissen. Von Wiedensahl aus schreibt er hinhaltend an Braun und Schneider in München, klagt über den heißen Sommer und *das Satansgezücht der Insekten (die Bienen natürlich ausgenommen)*. Weiterhin plagen ihn Geldsorgen. Etliche Vorschüsse des Verlegers müssen abgearbeitet werden. Dennoch reißt er sich los. Ende August ist er zum dritten Mal in diesem Jahr in Frankfurt am Main. Doch kaum hat er ausgepackt, erhält er die Nachricht, dass sein Vater gestorben ist.

Es ändert sich nun einiges im Elternhaus in Wiedensahl. Bruder Adolf übernimmt die Kaufmannschaft und muss die Geschwister auszahlen, was nicht ganz ohne Unstimmigkeiten abgeht.

Trotzdem sind Wilhelms Gedanken jetzt oft in der Bockenheimer Landstraße in Frankfurt. Bruder Otto hat er bei seinem letzten Besuch ein jüngst in Lüthorst entstandenes Bild geschenkt, kein *richtig großes*, kleinformatig wie die meisten seiner Bilder, aber gefällig und mit Witz gemalt. *Der kleine Kretzer*, ein Dorfjunge, der beim Ziegenhüten mühsam den Katechismus zu lernen versucht. Freudig hat er die Wirkung seines Bildes in Frankfurt zur Kenntnis genommen.

Otto schreibt:

… *Ohne Babbeln geht es in Frankfurt nun mal nicht ab, und so habe ich dann auch Frau Keßler das Bild ans Bett tragen müssen. Sie sieht solche Sachen mit klaren weil unbefangen ungetrübten Augen an, hat auch viel gesehen hier und dort in den bedeutendsten Gallerien. Ich habe ihr versprechen müßen allen meinen brüderlichen Einfluß geltend zu machen, daß sie in den Besitz des ersten ›Bildes‹, das du machst, kommt. Sonst wäre ich um den Jungen gekommen, den ich nicht wieder hergebe … Schreier und Burger haben so lange mit einander gemalt, bis sie die Bilder haben abkratzen müßen. Du liebst ja die Simpeleien nicht, und ich sehe schon eine ganze Gallerie von dir in Kronberg ohne Simpelei und Abkratzen entstehen …*

Die Villa der Keßlers in Frankfurt am Main

Stolz meldet Wilhelm Anfang November dem Onkel nach Lüthorst: *Ich gebe dir Ottos Brief, damit du doch siehst, wie der kl. Kretzer in Frankfurt aufgenommen. – Ich werde in 8 Tagen dahin abreisen …*

Zweimal schreibt er von Frankfurt aus in der Erbschaftsangelegenheit an Bruder Adolf, besorgt, dass die Mutter, die im Juli 1866 einen Schlaganfall erlitten hat, sich wieder aufregen könnte, auch setzt er sich dafür ein, dass die Schwester Fanny, die seit 1859 mit dem Pastor Hermann Nöldeke in Wiedensahl verheiratet ist und noch keine Aussteuer erhalten hat, nun eine *reichlichere Abfindung* bekommt als die Geschwister. Im Übrigen, befindet er, stehe er »den

Johanna Keßler

Nanda und Letty Keßler

Verhältnißen jetzt zu fern«, um sich bestimmter einmischen zu können.

Vor der Abreise nach Frankfurt hat er es endlich doch noch geschafft, die »Schnurrdiburr-Hölzer« vom Tisch zu bekommen. Das Buch erscheint im Frühjahr 1869 und wird ein Misserfolg. Viel zu versponnen ist die Sache, Menschen- und Bienenwelt treten kaum aus der Verniedlichung, die Geschichte hält wenig Abstand, hat zu wenig Mut zur Verfremdung, um den Max-und-Moritz-Spaß wiederholen zu können.

Anders die Bildergeschichten *Hans Huckebein, der Unglücksrabe* und *Die kühne Müllerstochter*, die 1868 im Verlag Eduard Hallberger in Stuttgart erschienen sind. Hier hat er sich mit leichter Hand über alle Ge-

gebenheiten der Realität hinweggesetzt und hat seine Geschichten vom unabänderlichen Bösen in sich schlüssig erzählt. Es scheint, dass er das Publikum umso mehr für seine neue Erzählform, die Bildergeschichte, gewinnen kann, je weniger *das rote Ding in seiner Brust* daran beteiligt ist.

Dem Caspar Braun hat er nicht vergessen, wie der ihn behandelt hat. Pflichtschuldig arbeitet er seine Vorschüsse ab, aber gleichzeitig probiert er auch andere Verleger aus. Außer bei Eduard Hallberger in Stuttgart erscheinen seine Bildergeschichten nun auch bei Velhagen und Klasing in Bielefeld. Und allen seinen Geschäftspartnern hat er nun eine neue Adresse mitzuteilen: Wilhelm Busch bei Dr. Otto Busch, Bockenheimer Landstraße 62, Frankfurt am Main. Wie lange diese Adresse gilt und zu welchem Ende sein Frankfurter Aufenthalt führen soll, das weiß er selber nicht.

Im Mai 1869 mietet er im Kettenhofweg 44a, fünf Minuten von der Keßler'schen Villa entfernt, eine Werkstatt, wohnt aber weiterhin im Gästezimmer in der Bockenheimer Landstraße.

Aber sein Misstrauen bleibt wach. Zwar fühlt er sich von der Frankfurter Luft herausgefordert und von der Kulturbeflissenheit Johanna Keßlers angeregt, zwar malt er jetzt auch in größerem Format, innerlich aber verteidigt er verzweifelt seine ländliche Seele gegen die Anpassung an großstädtische Muster.

Durch die Blume teilt er auch Johanna Keßler mit, wie er sie sieht. Neu koloriert schenkt er ihr die als *Münchner Bilderbogen* erschienene Geschichte *Die Verwandlung,* ändert den Titel in *Die moderne Circe.* Die Bilderfolge zeigt, wie eine Zauberhexe den Knaben Karl in ein Schwein verwandelt und in einen Käfig sperrt. »Ich habe dich durchschaut«, soll das heißen. Vielleicht hat sie es missverstanden als: »Komm mir nicht zu nah.«

Kaum vorstellbar, dass sie jemals offen miteinander geredet haben.

Mehrfach hat er sie gemalt. Vor allem das Ölgemälde der Johanna Keßler verrät ihn wie niemals zuvor. Mit äußerster Sorgfalt ist er hier ans Werk gegangen, hat das helle, zarte Gesicht auf dunklen Grund gesetzt, hat alle Licht- und Schatteneffekte penibel durchgearbeitet, als komme es ihm hier darauf an, der Realität so nahe wie möglich zu kommen, sie möglicherweise noch ästhetisch zu überflügeln. Ein wenig nun gehört er zur großen Welt, die ihm vorher so fremd war. Dafür muss er auch etwas tun. Wilhelm bemüht sich.

Und Johanna Keßler lässt es geschehen. Vielleicht auch ist sie ein wenig stolz darauf, den störrischen Kindskopf mit dem frischen Ruhm auf dem falschen Gebiet unter ihre Fittiche zu nehmen, ihn zu bemuttern, den täppischen Dorfmenschen mit der Lebensart des Kompromisses vertraut zu machen, ihn mit

Johanna Keßler, porträtiert von Wilhelm Busch

Geduld für die Kulturwelt zurechtzubiegen. Am Geld soll es nicht liegen. In der ehemaligen Kutscherwohnung, Wiesenau 15, richtet sie ihm eine Junggesellenwohnung ein, besorgt ihm eine Haushälterin und in der Villa ein Atelier mit Nordlicht.

Dennoch verbringt er den Sommer 1870 hauptsächlich in Wiedensahl, Lüthorst und Wolfenbüttel.

Am 1. Juni ist seine Mutter gestorben. In der Trauer sucht er die Nähe der Familie. In der großen Welt draußen rumort es erheblich. Am 19. Juli erklärt Frankreich Preußen den Krieg. Zu Preußen gehört nun auch Wilhelms Heimat, das Königreich Hannover, 1866 von der Großmacht annektiert. Der Krieg gegen den »Erbfeind« Frankreich führt dazu, dass antifranzösische Hasstiraden zum üblichen Stil deutscher Zeitungen werden.

Innerhalb Preußens macht sich noch eine zweite kämpferisch aggressive Strömung bemerkbar, der so genannte Kulturkampf. Am 18. Juli 1870 hat das Vatikanische Konzil die Lehre von der Unfehlbarkeit des Papstes verkündet. Das hat den Trotz und den Widerstand der protestantisch-preußischen Kräfte erweckt, die sich anschicken, die Macht in ganz Deutschland an sich zu reißen.

Politisch sich für eine Sache entscheiden kann sich Wilhelm Busch nie. Aber abhängig von den großen Zeitströmungen ist doch auch er. Er bewundert die starke Hand Bismarcks und ist gegen den Katholizismus, weil er – selbst von protestantisch-nüchterner Umgebung geprägt – aller Wundergläubigkeit misstraut und sie schnell für Heuchelei hält. Schon 1864, gleich nach *Max und Moritz*, hat er die Bildergeschichte *Der heilige Antonius von Padua* skizziert und sie Eduard Hallberger in Stuttgart angeboten. Als Honorar waren 900 Taler vereinbart, zahlbar zum

Teil in Zigarren. Aber Eduard Hallberger traut sich nicht und zögert die Sache hinaus. In seiner bekannten Zeitschrift *Über Land und Meer* (in der später z. B. die Romane Theodor Fontanes vorabgedruckt werden) will er die Geschichte aus Rücksichtnahme gegenüber dem katholischen Abnehmerkreis seiner Doré-Bibel nicht erscheinen lassen. Fünf Jahre lang bleiben die schon gezeichneten Holzstöcke ungenutzt liegen. Wirtschaftliche Schwierigkeiten lassen es Hallberger dann ratsam erscheinen, die Verlagsrechte für den *Heiligen Antonius* an Moritz Schauenburg, den Verleger des *Lahrer Hinkenden Boten*, abzutreten. Dort erscheint die Geschichte nun im Juli 1870 unverzüglich und wird ebenso unverzüglich verboten. Vom Großherzoglich Badischen Kreis- und Hofgericht Offenburg wird der Verleger Moritz Schauenburg wegen »Herabwürdigung der Religion und Erregung öffentlichen Ärgernisses durch unzüchtige Schriften« angeklagt. Der deutschen Kleinstaaterei hat es Wilhelm Busch zu verdanken, dass nicht auch er vor Gericht zitiert wird.

Aber die Sache beschäftigt ihn. In einem langen Brief an seinen angeklagten Verleger nimmt er Stellung:

In protestantischen Anschauungen aufgewachsen, mußte es mir sonderbar erscheinen, daß es im Ernste einen wirklichen Heiligen, einen Menschen ohne Sünde geben sollte … Daß unser kleines Buch ein so unliebsames Aufsehen macht, hat wohl besonders seinen Grund darin, daß es zufällig in einer Zeit erschien, wo von Rom aus ein großer Theil der Menschheit in seinem besten Wißen und Denken in derbster Weise angegriffen und verflucht wird. Wer in diesen Dingen zu jener Partei gehört, mag daher leicht eine absichtliche Tendenz vermuthen, wo nur ein zufälliger Zusammenstoß stattfindet, hervorgerufen durch die heftige Strömung vom Jenseits der Berge. Wer aber gar etwas sinnlich Anreizendes in diesem günstigstenfalls drolligen Büchlein finden wollte, der scheint nicht zu bedenken, dass eben die parodistische Behandlung der Form und Situation der Sinnlichkeit geradezu widerstreiten muss und soll.

Was man belachen soll, soll nicht verführen …

Der Verleger Moritz Schauenburg wird schließlich freigesprochen, und mit einem Jahr Verzögerung kann der *Heilige Antonius* nun endlich erscheinen. Nicht aber in Österreich. Dort entscheidet das Wiener Landgericht: Das Buch ist schädlich für österreichische Augen und bleibt verboten. Die juristischen Eiferer haben weit mehr Anlass zu Gelächter und Satire gegeben, als aus dem Buch selbst hervorgeht.

Trotz aller Betonung seines autodidaktischen Eigensinns, unbeeinflusst vom politischen Tagesgeschehen bleibt er nicht. Zum politischen Karikaturisten fühlt sich Wilhelm Busch nicht berufen, aber in politisch aufgeregter Zeit hat auch er kräftig hingelangt. Immer wieder spielt er das alte Spiel: Weil er dazugehören will, weil er Zustimmung braucht, mischt er seine Stimme in den Chor der allgemeinen Vorurteile. Eines der abstoßendsten Beispiele seiner Anbiederung an die Politik im Großen ist seine im Kriegsjahr 1870 in den *Fliegenden Blättern* erschienene Bildergeschichte *Monsieur Jacques à Paris*. Die Geschichte geht so: Während der Belagerung von Paris leidet Monsieur Jacques – stellvertretend für alle Franzosen – zunehmend an Nahrungsmangel und verfällt darauf, Fliegen und Mäuse zu essen, dann gar seinem Hund den Schwanz abzuschneiden. Schließlich erfindet er Explosionspillen und sprengt seinen Hund in die Luft. Mit zwei geladenen Hundekarbonaden gedenkt er die Preußen zu überlisten. Stattdessen kommen zwei französische Soldaten, essen und werden in die Luft gesprengt. Als am Ende der propere preußische Soldat zur Tür hereinschaut, lädt Monsieur Jacques seine Stiefel und jagt sich selbst in die Luft.

Das ist platte Propaganda. Die Schadenfreude als gewohnte Denkübung hat sich hier auf »die Franzosen« übertragen, hat mit ihm selber nichts mehr zu tun. Hier hat er ganz auf die Zustimmung im eigenen Lager gesetzt und seinen eigenen Verstand darüber vergessen. Seinem wachsenden Ruhm tun solche Ausrutscher keinen Abbruch.

Im Oktober 1870 ist er wieder in Frankfurt und bleibt nun für ein gutes halbes Jahr. Johanna Keßler zuliebe besucht er kulturelle Veranstaltungen. *Ich war regelmäßig in den Museumskonzerten, Quartettsoireen und auch in den beiden Ullmannschen Konzerten, der mit einer Sammlung der berühmtesten Künstler im Fache der Musik in der Welt herumzieht.* Aber er schafft sich auch in Frankfurt eigene Kreise. *Jeden Mittag um 12 Uhr,* berichtet er, treffe er sich in der Kunsthandlung Prestel am Rossmarkt mit Malern und Kunstfreunden. Von Zeit zu Zeit ist er zum Abendschoppen bei Valentin Böhm in der Trinkstube am Barfüßer Eck.

Vermutlich hat er im damals gerade eröffneten Thaliatheater Jacques Offenbachs Operette *Die schöne Helena* gesehen. Dieses Stück, wie überhaupt Offenbachs Musikschaffen in dieser Phase, ist der Intention der Busch'schen Bildergeschichten durchaus verwandt: nicht wehtun, die Leute zum Lachen bringen, alle satirischen Nadelstiche immer durch Doppelsinn absichern, was man wirklich meint, gut verstecken.

So spielt *Die schöne Helena* am Hofe des spartanischen Königs Menelaos und meint doch die Verhältnisse im Frankreich Napoleons III. Eitelkeit, Heuchelei, das dekadente Lotterleben werden gegeißelt.

Es ist anzunehmen, dass Wilhelm Busch die Tendenz der Sache behagt hat. Offenbach und das Thaliatheater jedenfalls zählt er im Vorspruch seiner neuen großen Bildergeschichte unter den *sündlichen Exzessen* auf, denen die braven Bürgersleute in der Großstadt ausgesetzt seien, und denen er die Hauptperson seiner Geschichte, *Die fromme Helene*, zum

Zwecke der Seelenrettung gleich am Anfang entzieht:

»Komm, Helenchen!« sprach der brave
Vormund. – »Komm, mein liebes Kind!
Komm aufs Land, wo sanfte Schafe
Und die frommen Lämmer sind.«

Aber die *sanften Schafe* und die *frommen Lämmer*, Onkel und Tante Nolte, werden mit der Großstadtpflanze Helene nicht fertig. Helene ist von ausgeprägtem Lebenswillen, der sich von keiner noch so sanften Tugend belehren lässt. Sie treibt Schabernack mit den beiden Biederleuten, poussiert mit Vetter Franz, der, weil jung, von gleichem ordnungsstörendem Charakter ist. Helenes Lebenskurve zeigt zwangsläufig bergab. Weil von vornherein mit dem Stachel der Sünde geboren, erliegt sie allen Torheiten der Welt. Sie heiratet des Geldes wegen:

»Es sei!« sprach Lene heute früh
»Ich nehme Schmöck und Companie!«

Die Ehe bleibt kinderlos, bis Vetter Franz nachhilft, Zwillinge geboren werden und der ungeliebte Kapitalisten Gatte beim Fischessen umkommt.

Das nun mögliche Glück wird aber vereitelt durch die Treulosigkeit des Vetter Franz, der erst der Lene ewige Treue schwört, im Umdrehen aber schon mit der Kathi in der Küche schmust:

Das freut den Franz. – Er hat nun mal
n' Hang fürs Küchenpersonal.

Weniger freut es den Diener Jean, der voll Eifersucht die Flasche auf Franzens Kopf niederschwingt:

Und – knacks! – Es dringt der scharfe Schlag
Bis tief in das Gedankenfach.
's ist aus! – Der Lebensfaden bricht.
Helene naht. – Es fällt das Licht.

Nun entsagt Helene der Welt, aber zu spät, die Welt ist stärker, sie kann der Versuchung in Form einer Schnapsflasche nicht widerstehen, der Tisch kippt, Petroleum ergießt sich über sie, entflammt:

Und hilflos und mit Angstgewimmer
Verkohlt dies fromme Frauenzimmer.

Das letzte Kapitel heißt konsequenterweise *Triumph des Bösen* und handelt von Helenes Höllenfahrt. Eine Weile kämpfen Engel und Teufel um Helenes Seele, aber:

O weh, o weh! Der Gute fällt!
Es siegt der Geist der Unterwelt.

Er faßt die arme Seele schnelle
Und fährt mit ihr zum Schlund der Hölle.
Hinein mit ihr! – Huhu! Huha!
Der heil'ge Franz ist auch schon da.

Im Epilog sehen wir dann noch einmal den selbstzufriedenen Onkel Nolte den Zeigefinger heben und hören ihn den viel zitierten Satz sagen:

»Das Gute – dieser Satz steht fest
Ist stets das Böse, was man läßt!«

Hat also die Spießbürgerlichkeit gesiegt? Soll dem Leser hier mit Allerweltsweisheit, die sich schön anhört, aber wenig sagt, die Behäbigkeit anempfohlen werden?

Man muss die Geschichte bis zum allerletzten Bild verfolgen. Auf dem nämlich faltet Onkel Nolte selbstzufrieden die Hände, hält den Kopf mit Schlafmütze schief, die Augen geschlossen und seufzt:

»Ei ja! – Da bin ich wirklich froh!
Denn, Gott sei Dank! Ich bin nicht so!«

Das heißt doch wohl: Wir alle sind in Wirklichkeit so. Auch wenn wir es nicht wahrhaben wollen.

Auch *Die fromme Helene*, voller Anspielungen auf das Leben in Frankfurt, hat er im Sommer 1871, natürlich *ohne wem was zu sagen*, in Wiedensahl gezeichnet und geschrieben.

Vorher hat er, entgegen seiner Gepflogenheit, an einer längeren Auftragsarbeit gesessen, den *Bildern zur Jobsiade*, ein Auftrag von Verlagsbuchhändler Carl Müller in Berlin, der von Busch »Illustrationen« zu Karl Arnold Kortums spätbarockem Knittelversepos *Leben, Meinungen und Taten von Hieronymus Jobs, dem Kandidaten* … für seine »Illustrierte Klassikerausgabe« haben wollte. Was dann – ausnahmsweise in der Werkstatt in Frankfurt – entstanden ist, ist eine gänzliche Neugestaltung der Geschichte, die den Berliner Verleger ratlos macht.

Moritz Schauenburg, dessen neu erworbene Druckerei im gerade wieder deutsch gewordenen Straßburg Wilhelm Busch besucht und auf die Probe gestellt hat, erklärt sich im Gespräch bereit, die *Bilder zur Jobsiade* zu übernehmen. Als Schauenburg aber Anfang Juni 1871 wagt nachzufragen, reagiert Wilhelm misstrauisch und ungehalten:

Mit der Verabredung über den Jobs hat es ja keine so große Eile, da ich die Sommermonate jedenfalls meine Ruhe haben muß. Sie wißen nach unseren mündlichen Besprechungen, daß ich im allgemeinen mit Ihren Vorschlägen einverstanden bin. Ich zeichne Ihnen die Sachen auf Zink, mache den verbindenden Text dazu, und Sie beginnen dann die Zahlungen in bestimmten Fristen, aber, wie ich meine, sofort und nicht etwa nach drei Monaten. Sobald

Sie mir offen entgegenkommen, werden wir bald einig sein und es auch für andere Unternehmungen bleiben; die geringste Heimtückerei würde aber ein hartnäckiges Stillschweigen meinerseits zur Folge haben. Denn so sind wir Menschenkinder, daß es unsere Eitelkeit gewaltig übel nimmt, wenn uns der Andere nur um einen einzigen Kreuzer überlisten will. Man mag eben die Leute nicht gern leiden, die Einen für dümmer halten wie sich selbst …

Mag sein, schlechte Erfahrungen gehen voraus. Aber der Ton, wie eine Übung in Selbstbewusstsein, überrascht. Immerhin hat Schauenburg seinen Kopf in Sachen *Antonius* hingehalten.

Seit sein Ruhm wächst, seit sich die Verleger um ihn bemühen, seit er bei den besseren Leuten in Frankfurt ist, hat sich auch etwas in seinem Auftreten verändert. Wenn er seinem Verleger in München schreibt, heißt es in der Anrede nicht mehr wie früher: *Mein lieber Herr Braun*, sondern kurz und schroff: *Herren Braun und Schneider, München.*

Nur das Allerwichtigste, Geschäftsmäßige teilt er ihnen mit. 1871 schickt er dann endlich seine letzten Beiträge an die *Fliegenden Blätter, Das Napoleonspiel* und die Kraftakte des Turners Hoppenstedt, dann sind seine Vorschussschulden getilgt, und sang und klanglos nimmt er Abschied von der Zeitschrift, die seinen Ruhm begründet hat, befreit sich aus dem Braun und Schneider'schen Joch.

In Frankfurt aber scheint seine Produktivität gehemmt. Er zerstreut sich, macht vieles, aber nur weniges richtig und wird darunter zunehmend unruhig. Weil Johanna Keßler die Zeichnungen des berühmten Daniel Chodowiecki liebt, kopiert er Chodowiecki, entwirft im gleichen Stil Tanzkarten für die Vergnügen im Hause Keßler, nimmt an Kostümfesten teil, malt seinen Bruder Otto und sich in niederländischer Tracht und fängt auf einmal an, in Ton zu bilden. *Kellermeister und Teufel* nennt er eine Plastik, auch versucht er, Johanna Keßler und ihre Tochter Letty fast lebensgroß in Ton zu gestalten, aber das bleiben Einzelstücke, Hobbyarbeiten.

Die Zerstreuung, dem Grübler von seiner wohlmeinenden Freundin anempfohlen, mündet in die Angst, sich selbst zu verlieren. Und natürlich gibt es Gebabbel in Frankfurt über die Bankiersfrau und ihren gut aussehenden Künstler.

Im Oktober 1871 fährt Wilhelm in Begleitung seines Bruders Otto zu Moritz Schauenburg nach Lahr. Was er dort über die geschäftliche Situation des Verlages erfährt, ruft erneut sein Misstrauen wach. Schauenburg hat die Druckerei in Straßburg schon wieder verkaufen müssen, wirtschaftlich scheint es ihm nicht besonders gut zu gehen, auf die Forderungen der Buschs geht er nicht ein.

Die Busch-Brüder verhandeln nicht lange, kehren auf der Stelle um, reisen nach Heidelberg, steigen im Hotel »Holländer Hof« ab und lassen sich den jungen

Verleger und Jugendfreund Otto Bassermann kommen. Obwohl in dringenden Geschäften, eilt Bassermann herbei. In seinen Erinnerungen berichtet er über diese Begegnung:

Ich traf W. B. mit seinem Bruder Otto im Speisesaal, und ersterer sagte mir nach kurzer Begrüßung: ›Lasse Dir doch eine Tasse Kaffee hinauf in mein Zimmer bringen. Dort findest Du zwei Sachen von mir, die Du in Deinem Verlag haben kannst, wenn Du sie willst! – Droben fand ich Die fromme Helene und die Bilder zur Jobsiade, die ich geradezu verschlang …

Otto Bassermann greift die Gelegenheit beim Schopfe, räumt dem Autor äußerst günstige Bedingungen ein, und auf Drängen Wilhelms wird noch am selben Nachmittag ein Vertrag entworfen, ausgefertigt und unterschrieben. Damit beginnt eine Zusammenarbeit, die für den Verleger den »geschäftlichen Wendepunkt« bedeutet, für den Autor die Entledigung von aller Sorge um das tägliche Brot. Dieser Vertrag wird später auf Drängen des Autors mehrfach zu seinen Gunsten verändert. Am Ende erhält Wilhelm Busch eine Beteiligung von 45 Prozent am Bruttoertrag für alle bei Bassermann erscheinenden Werke. Ob Moritz Schauenburg, der nun das Nachsehen hat, diese Behandlung verdient? Wilhelm schreibt ihm kühl: *Was das gewünschte Manuscript anbelangt, so bitte ich Sie, sich daran zu erinnern, daß ich nicht darüber zu disponieren habe …*

Die erste gemeinsame Tat des Gespanns Busch-Bassermann nach den schon fertigen Geschichten gereicht beiden nicht zum Ruhm. Weil der *Heilige Antonius* sich so gut verkaufen lässt, schlägt Otto Bassermann vor, noch einmal kräftig in dieselbe antiklerikale Kerbe zu hauen. Zur Anregung schickt er seinem Freund und Autor zwei Bücher: Adolf von Harleß, *Jesuitenspiegel,* und Otto von Corvinus, *Pfaffenspiegel.*

Die Zeit drängt, wer weiß, wie lange die dem Verkauf günstige antikatholische Stimmung anhalten wird. In nicht mehr als sechs Wochen entwirft Wilhelm Bild und Text zu der allegorischen Geschichte *Pater Filuzius.* Um Missverständnissen vorzubeugen, schickt er, nur zum Privatgebrauch, einen Theaterzettel an Otto Bassermann. Demnach geht die Geschichte so:

Der Junggeselle Gottlob Michael (= der Staat) lebt mit zwei bejahrten frommen Tanten, der dicken Petrine (= die katholische Kirche bzw. der Ultramontanismus) und der dürren Pauline (= die evangelische Kirche bzw. der Protestantismus) sowie der hübschen, klug-gelehrigen Base Angelika (= die Staatskirche) friedlich biedermännisch in einem Haushalt. Den Frieden stört der grundlos hinterhältige Pater Filuzio (= der Vertreter des Jesuitentums), der es auf Gottlobs Vermögen abgesehen hat und sich auch an die schöne Angelika heranmacht, aber schmählich abgewiesen wird. Dafür nähert er sich Tante Petrine, schenkt ihr einen flohbesetzten Hund, was weder Tante Pauline noch dem Gottlob Michael gefällt. Gottlob tunkt den Hund schließlich in Tabakslauge und hält so die jesuitischen Flöhe vom Staatskörper fern. Dann aber erwischt der propere Gottlob den Filuzius beim Tête-à-tête mit Tante Petrine auf dem Sofa und wirft ihn kurzerhand aus dem Haus. Filuzius sinnt finster auf Rache, ein Giftanschlag misslingt, worauf sich der jesuitische Pater zu neuem Rachezwecke *zwo verwegene Lumpen* dingbar macht, den Inter-Nazi (= die Sozialdemokratie) und den Jean Lecaq (= das Franzosentum). Die Verschwörung wird aber von Angelika belauscht und verraten, woraufhin Gottlob Michael seine Freunde sammelt, den Wächter Hiebel, den Meister Fibel und den Bullerstiebel (= Wehr-, Lehr- und Nährstand), die natürlich den Mordanschlag listig und glücklich vereiteln. Am Ende stecken die Ultramontanisten im Dreck, und Gottlob Michael gibt strahlend seine Vermählung mit Angelika bekannt.

Wilhelm ist bei dieser flachen, ideologiebeladenen Geschichte selbst nicht recht wohl. Später nennt er sie ein *Tendenzstück*. Es ist das letzte Mal, dass er Ratschläge von seinem Verleger annimmt. Umgekehrt erteilt er nun dem jüngeren Freund Ratschläge in Verlagsangelegenheiten. Er redet bei der Auswahl der Holzschneider ein gewichtiges Wort mit, er bestimmt die Schrifttype, er stellt auch in Vertriebsfragen selbstbewusst seine Forderungen. Die Zeit der Brotarbeiten, die Zeit der zähneknirschenden Unterwürfigkeit ist vorbei.

Im Hochgefühl der neuen Unabhängigkeit befreit er sich entschlossen aus nicht nur einer alten Verbindung. Im April 1872 löst er seinen Frankfurter Haushalt auf. Mit Bruder Otto, der sich mehr und mehr zum Puritaner entwickelt, ist es zu Auseinandersetzungen gekommen. Die Frankfurter gesellschaftlichen Verpflichtungen steigen ihm über den Kopf. Die Beziehung zu Johanna Keßler ist kompliziert wie eh und je. Es gibt keine Anzeichen einer Veränderung, die seinen geheimen Wünschen entgegenkommt. Eifersüchtig beobachtet er: Der Herr Gemahl, wenn er abends nach Hause kommt, isst immer noch Hummer und will an keiner Gräte ersticken, wie der von Helene. Maria Euler, seine Haushälterin, ein frommes Mädchen, Mitglied einer Sekte, legt Wilhelm, in Sorge um sein Seelenheil, zum Abschied ein Neues Testament ins Gepäck.

Er ist nun auf niemanden mehr angewiesen, also wählt er die Freiheit. Und Freiheit heißt für ihn: die Wiedensahler Einsamkeit, die ländliche Stille. Viele Möglichkeiten hätten ihm jetzt offen gestanden, er wählt die Rückkehr ins Elternhaus, wo Bruder Adolf und Schwägerin Johanne den Kaufmannsladen betreiben, die Rückkehr zu seiner Landschaft, zu seinen

Menschen. Er fährt nach Lüthorst, nach Wolfenbüttel, nach Ebergötzen. Im Mai 72 schreibt er an Otto Bassermann:

Fern von der Frankfurter Börsenluft, unter blühenden Bäumen, beim Gesange der Nachtigallen, in heiterer Betrachtung des Federviehs, der Pferde, Füllen, Hunde und Katzen auf dem Hofe meines Bruders in Wolfenbüttel ist dieser Frühling so recht behaglich an mir vorüber gegangen …

Es geht ihm nun gut, könnte man meinen. Oder tut er nur so? Will er nur niemandem zeigen, wie es wirklich um ihn steht?

Mit Johanna Keßler in Frankfurt beginnt nun ein höchst seltsamer Briefwechsel. Oft schreibt er an Nanda und Letty und versteckt in den Briefen an die Kinder Nachrichten und Signale an die Mutter.

Liebste Tante, heißt es in der Anrede meist, wenn er an Johanna Keßler schreibt. Das erste Wort verrät, was er eigentlich sagen will, das zweite geht umso mehr auf Distanz, sucht eine Ebene der Unverfänglichkeit. Diese Doppelstrategie bezeichnet die Schwierigkeit dieses Verhältnisses. Es ist bei ihm immer mehr da, als er sagen darf. Um aber überhaupt in ihrer so anderen Welt dazugehören zu dürfen, braucht es eine unverfängliche Form. Bezugspunkt dafür sind die Kinder. Wenn sie ihn *Onkel* nennt, nennt er Johanna Keßler *Tante.* Das mag uns heute seltsam vorkommen, war aber damals nicht unüblich.

Der erste Brief ist ein ellenlanges Reimgedicht mit dem Kehrreim:

Wo ich auch sei – ich denke immer
An die bewußten Frauenzimmer.

Der zweite Brief berichtet von einer Reise nach Dresden. Dort hat er den Keßler-Sohn Harry zusammen mit seinem Bruder Otto getroffen. *Liebs guts Ungeheuer!*, heißt die stürmische Anrede und bewegt endet der Brief: ... *Soll ich? Soll ich nicht? – Ich breite Ihre Briefe aus und finde, sie sind eine Kette, die von hier nach Frankfurt, von Ostern bis Michaelis, ja noch viel weiter reicht. Soll ich, oder soll ich nicht?*

Und nun viele Grüße an Nanda und Letty und vor allem an die schönste, beste und liebenswürdigste aller Tanten von

Wilhelm B.

Im dritten Brief zu Weihnachten kleidet er seine Bewegtheit in dramatische Naturbilder: ... *Unglaublich saust der Wind. Die Schneeflocken, so groß wie weiße Rosenblätter, in bunter Flucht vorangetrieben, schmiegen sich an Thurm und Kirchendach, an die Stämme der Obstbäume, an den Winterkohl, der noch im Garten friert, und haben die Welt, die weite, bereits recht eng gemacht. An mein Fenster picken die Ranken und flüstern: ›Vergiß es nicht! Vergiß es nicht!‹ und das will ich auch gewiß nicht thun ...*

Im Januar 73 berichtet er vom Museumsbesuch mit Bruder Hermann in Berlin, von vielen beeindruckenden Bildern und schließt wehmütig: … *Wann werde ich Sie wiedersehen, liebste Tante? – fern, fern, immer ferner! Und Alles verschwindet!* …

Sieben Tage später aber igelt er sich ein und antwortet ihr auf einen offenbaren Vorwurf verteidigungsbereit: *Ich bin aufrichtig gegen Sie gewesen, so aufrichtig, daß ich versucht sein könnte, es zu bereuen, wären nicht Neigung und Vertrauen zu Ihnen noch immer dieselben. Wie mögen Sie mich nur mit einem Vorwurf kränken, den ich gewiß nicht verdient habe* … Es geht um die Kündigung der Frankfurter Wohnung. Scheinbar fühlt sich Johanna Keßler hier übergangen. Wilhelm zum Schluss: … *Ich bitte Sie, liebe, gute Tante, verbittern Sie mir nicht meinen Entschluß, der mir so schon saurer geworden, als ich sagen mag* …

Die Sache renkt sich ein. Im Februar schreibt er nach Frankfurt:

Liebs Nandachen! Liebs Lettychen!

… *Wir haben hier die letzte Zeit viel blankes Eis gehabt, so daß meine kleinen Neffen manchmal ausrutschten und auf ihre Nase fielen. Ihr seid auch ganz gewiß oft auf das Eis hinaus gegangen. Jetzt ist aber all das Eis wieder aufgethaut und die Sonne scheint so warm, als wenn es Sommer wäre* …

Ende März dann die endgültige Erlösung. Eine Einladung aus Frankfurt ist eingetroffen. Wilhelm antwortet:

Liebe Tante!

Der Frühling kommt nun gewiß und wahrhaftig. Die Elster baut emsig ihr Nest in der Linde am Pfarrgarten, die Staare schnarren und pfeifen, man gräbt und pflanzt, und gestern zogen bereits zwei Wetter mit langen Regenschleppen über den Wald und die grünenden Saaten hin. – Den Feldweg daher sehe ich Leute zur Kirche pilgern. Der Frühling hat eine erlösende Kraft. – So will ich denn, wenn meine Zeichnungen fertig sind, einmal aufbrechen und wandern. Wie sehr mich Ihre Einladung erfreut hat, brauche ich Ihnen ja nicht zu sagen. Ich komme gern …

Es bleibt erst einmal alles so, wie es war. Wilhelm wird wieder nach Frankfurt reisen, zu Besuch. Und er wird sich daran gewöhnen, seine Gefühle auf halbem Weg niederzuhalten.

Wilhelm Busch 1877

Fanny Nöldeke geb. Busch

Ich kam in diese Welt herein
Mich baß zu amüsieren,
Ich wollte gern was Rechtes sein
Und mußte mich immer genieren.
Oft war ich hoffnungsvoll und froh,
Und später kam es doch nicht so.
Nun lauf ich manchen Donnerstag
Hienieden schon herummer,
Wie ich mich drehn und wenden mag,
's ist der alte Kummer.
Bald klopft vor Schmerz und bald vor Lust
Das rote Ding in meiner Brust.«

Wilhelm Busch, Kritik des Herzens

V
Fanny und Wilhelm

Die Post, hat er sich ausbedungen, sollen sie im Flur auf die Kommode legen. Keinesfalls will er am Vormittag bei der Arbeit gestört werden. Zum Glück halten sich alle daran.

Fannys schwesterliche Sorge, die ihn nun seit gut zwei Jahren umgibt, hat ihm die Tür geöffnet in das wohltuend stille Pfarrhaus in Wiedensahl.

Im Elternhaus hat er es nur ein halbes Jahr lang ausgehalten. Die Kaufmannschaft von Adolf und Johanne macht das Haus zum Bienenhaus, nur dass die menschlichen Bienen einen unsäglichen Radau machen. Das Ein und Aus, das Hin und Her, Türenschlagen, Weiberlachen, der Kinderlärm, das alles hat ihn nicht arbeiten lassen. Wenigstens am Vormittag braucht er seine Ruhe. Dass die Kaufmann-Buschs seinen Auszug mit Argusaugen betrachtet haben und ihm nun gram sind, kann er nicht ändern und übergeht es mit Schweigen.

Hier hat er seine Ruhe. Schwager Hermann Nöldeke, der Pfarrer, ist freundlich, aber hält auf Distanz, was Wilhelm nur recht ist, und sogar die drei Neffen Adolf, Otto und Hermann haben schnell spitzgekriegt, wann es ratsam ist, mit dem berühmten Onkel zu scherzen, und wann, ihn in Ruhe zu lassen.

Heute Vormittag hat er gezeichnet, ohne aufzusehen, manchmal nur sind ihm die Gedanken abgeschweift in die andere, die große Welt, Augenblicke eines gerade hinter ihm liegenden Besuchs in Frankfurt sind ihm vor Augen getreten, er hat sie für gut befunden und lächelnd für sich eingeschlossen.

Jetzt, nach dem Mittagsschlaf, steht er vor der Kommode, sieht die Post durch und findet einen Brief von Bassermann, den er sofort aufbricht. Ein Briefbogen, von fremder Hand beschrieben, liegt bei. Er liest noch im Stehen:

Leipzig, 27. November 1874

Verehrliche Redaktion

Der Umstand, daß auch in der neuesten Nr. Ihres geschätzten Blattes das jüngste Opus von W. Busch Kritik des Herzens *mehrfach angezeigt und angepriesen wird, veranlaßt mich, diese Zeilen an Sie zu richten. Unzweifelhaft hat die verehrliche Redaktion keine Ahnung davon, welch ein erbärmliches Sammelsurium dieses neueste Werk von W. Busch darstellt und der Umstand, daß gerade Ihr Blatt von jeher sich bestrebt hat, alles Obszöne und niedrig Gemeine fernzuhalten, bestimmt mich, Ihnen die Augen darüber zu öffnen, was Sie in jener* Kritik des Herzens *für den Weihnachtstisch deutscher Familien empfehlen … Wer die Ankündigung ›Neuestes von W. Busch‹ liest und dort findet: ›Indem er jede Falte des menschlichen Herzens prüft und jeden Zug etc. etc.‹, der sollte glauben, es handle sich wirklich um Gedichte, die etwa in satirischer Form die*

Schwächen des menschlichen Herzens beleuchten. Wenn die geehrte Redaktion das Neueste von W. Busch aber wirklich durchblättert hat, dann wird sie das Buch mit Widerwillen und Ekel aus der Hand legen und mir beipflichten, daß solche Erzeugnisse eines ›Dichters‹ ins Feuer und nicht auf den Weihnachtstisch gehören. Von Witz ist kaum die Rede, trivial ist das meiste, schal fast alles und schmutziglasziv viel zuviel – an keinem Gedicht wird man Freude haben können, sondern geneigt sein, das Buch mit einem ›Pfui, wie gemein und unschön‹ aus der Hand zu legen. Wenn jemand, der sich eine gewisse Popularität erworben, diese dazu mißbraucht, um solches Zeug in die Welt zu setzen, dann gebührt ihm eine derbe Abfertigung, und es wäre mir sehr erfreulich, wenn Sie dem ›Dichter‹ Busch diese zuteil werden ließen.

Schon die letzten Zeichnungen verrieten eine bedenkliche Hinwendung zum Obszönen, und über die Berechtigung einer so verzerrten Karikatur kann man zweierlei Ansicht sein. Für das neueste Werk des Dichters Busch hätte derselbe am besten das Lieblingstier des hl. Antonius selbst als Motto gewählt – damit wäre ihm der wahre Stempel aufgedrückt worden …

Ich gebe Ihnen ganz anheim, vom Vorstehenden beliebigen Gebrauch zu machen, und verharre hochachtend Gustav Spieß.

Während des Lesens, gegen das Ende hin immer stärker, sind ihm die Buchstaben ins Tanzen geraten, und er spürt den heißen Zorn in sich aufsteigen. Was Bassermann dazu schreibt, lässt er unbeachtet, er rafft das Papier zusammen, die drei, vier anderen Briefe lässt er ungeöffnet, stampft in sein Zimmer und liest im Gehen widerwillig, aber doch mit faszinierter Neugier die, wie ihm scheint, unverschämt anmaßende Handschrift auf der beiliegenden Visitenkarte:

Einliegende Beleuchtung ging heute an ein hervorragendes Blatt ab; ich zögere nicht, Ihnen davon Abschrift zu schicken, zu Ihrer beliebigen Bedienung, wenn Sie wünschen, mag auch der ›Dichter‹ selbst sich in dem Spiegel beschauen.

L., 27. Novbr. 74 G. Sp.
Kaiserlich türkischer Generalconsul.

Wütend wirft Wilhelm die Briefe auf den Tisch und geht im Zimmer auf und ab. Laffel, denkt er. Eingebildeter Pinsel! Leck mich doch …!

Aber der Stachel sitzt tiefer. Was der Generalkonsul da besserwisserisch von sich gibt, ist die Meinung vieler. Sie wollen ihm seine Gedichte nicht abnehmen. Sie wollen, dass er immer nur seine Phantasiehanseln tanzen lässt, sie wollen ihren Spaß haben, nichts weiter. Es gibt sogar solche, die anzweifeln, dass er die Reime zu seinen Bildergeschichten selber macht.

Das Zimmer ist zu eng für das, was da von innen hochkommt. Er greift nach Hut und Stock, wirft sich im Flur den Mantel über die Schultern und geht aus dem Haus. Es ist ein feuchtkalter Dezembertag, kein Mensch in Wiedensahl außer ihm käme an einem solchen Tag auf die Idee, spazieren zu gehen. Er weiß, was sie über ihn klatschen, wenn er täglich und fast bei jedem Wetter die Loccumer Straße hinausgeht »Nichtstuer«, denken sie hinter den Gardinen und lassen ihrem biederen Unverstand freien Lauf. Sonst stört ihn das kaum, jetzt aber geht er einen Schritt schneller als gewöhnlich, so offen und ungeschützt fühlt er sich heute. Als sei ihm die Schelte des kaiserlich-türkischen Generalkonsuls in großen Buchstaben auf die Stirn geschrieben. Er ist froh, als er den Schaumburger Wald endlich erreicht hat.

Nein, er will nicht immer nur ihr Hanswurst und Kasper sein, will keinem mehr nach dem Mund reden müssen, keinem Braun, keinem Bassermann, keinem Generalkonsul, keinem Kritiker und auch dem hochverehrten Publikum nicht. Die besten Schosen, die er bisher gemacht hat, sind die rücksichtslos frechen, die sind am meisten wahrhaftig. Trotzdem, das weiß er doch selber am besten: Kein Mensch kann auf die Dauer ernstlich vom Erfolg ganz nebensächlicher Dinge leben, und je mehr Lärm darum gemacht wird, desto peinlicher ist ihm die Sache.

Aber er lebt davon, seit ein paar Jahren nicht schlecht. Die Peinlichkeit hat er geschluckt wie der

Märchenprinz die Kröte. Er hat sich eingerichtet, so gut es geht, so weit ihm das schlechte Gewissen Ruhe lässt. Nun will er zeigen, dass mehr in ihm steckt. Gedichte hat er schon lange gemacht. Mag sein, es sind keine besonders fein gesponnenen lyrischen Fäden, mehr Alltägliches, auf die kleine Welt gezielt, aber doch auch manch philosophisch angehauchter Drachen. Wenn sie ihn in der großen Kunst nicht haben wollen, begnügt er sich eben mit der kleinen. Trotzig hat er das gleich im ersten Gedicht seiner Sammlung zu verstehen gegeben:

Es wohnen die hohen Gedanken
In einem hohen Haus.
Ich klopfte, doch immer hieß es:
»Die Herrschaft fuhr eben aus!«

Nun klopf ich ganz bescheiden
Bei kleineren Leuten an.
Ein Stückel Brot, ein Groschen
Ernähren auch ihren Mann.

Seine Bilder haben nicht ausgereicht und jetzt wollen sie seine Gedichte nicht. Es ist ja nicht nur eine Ernährungsfrage. Bescheiden wird man vom Leben gemacht, und dann sagt man, man wär's. Das macht sich immerhin noch ganz gut.

Darüber soll die Nase rümpfen, wer mag. Die lautesten Schreihälse sind selber die allergrößten Lumpen. Stürzen sich wie die Aasgeier auf alles Ungepanzerte, wollen keine Wahrheit vertragen, nennen sie gar, wie der saubere Herr Generalkonsul, obszön.

Auf den schnurgeraden Wegen durch den Wald zerläuft sich der Zorn nur allmählich. Bei gleichmäßigem Trab bleibt auch die Stimmung lange dieselbe. Auf einmal merkt er, dass er fast schon bis Spießingshol ist, also Gefahr läuft, dem befreundeten Oberförster Franke oder einem Mitglied seiner Familie in die Arme zu laufen. Fast erschrocken macht er kehrt, geht bis zur nächsten Kreuzung zurück und schlägt einen anderen Weg ein. Mit niemandem will er jetzt reden müssen.

Kein Mensch hier versteht, was ihn umtreibt. Mit niemandem hier hält er näher Kontakt. Und doch ist er nun sicher, dass er hierher gehört, trotz Hannover, Düsseldorf, Antwerpen, München und Frankfurt. Hier kann er alles ausloten bis in die Kindheit zurück. Manchmal, in Stunden einsamer Gelassenheit und Stille, fühlt er sich für einen Augenblick lang einverstanden mit sich und der Welt. Aber schon im zweiten Augenblick muss er dann lächeln über – seine behäbige Selbstzufriedenheit, die ihn spottlustig macht, wenn er sie bei anderen wahrnimmt. Er weiß doch genau, auf welch wackligem Grund sie gebaut ist.

Schon ist er wieder im Grübeln. Tröstlich ist nur, denkt er nach einer Weile, dass keiner ohne Schuld ist. Jeder hat sich irgendwann einmal selber verraten, und der Herr Generalkonsul, der das nicht wahrhaben will, der sich erhebt und giftige Urteile ausspricht, der sollte mal vortreten, der sollte sich mal näher betrachten lassen, dem sollte man …

Er weiß nicht, wie lange er – mit der Zähmung seines Ärgers beschäftigt – im Wald umhergelaufen ist. Jetzt spürt er die Kälte unter seinen Mantel kriechen und nimmt die allmähliche Vereisung seines Bartes zur Kenntnis. Er könnte sich im Krug in Pollhagen ein wenig aufwärmen, fällt ihm ein. Aber der Nachmittag ist fast schon vorüber und leicht verletzlich fühlt er sich immer noch. Also zurück.

Tatsächlich ist es schon dunkel, als er die ersten Häuser von Wiedensahl erreicht. Die Hand über dem Stock ist ihm klamm geworden, an Handschuhe hat er in der Eile des Aufbruchs nicht gedacht. Er wechselt den Stock und wärmt die rechte Hand in der Manteltasche.

Als er über den Pfarrhof auf das Haus zugeht, wird er von drei Laternen eingeholt. Johlend umkreisen ihn seine drei Neffen.

»Onkel Wilhelm! Onkel Wilhelm!«

»Wir waren bis zur alten Mühle, Onkel Wilhelm!«

»Hast du uns gesehen, draußen im Feld?«

Lächelnd, aber keineswegs erfreut lässt er die Vereinnahmung über sich ergehen und streicht dem neunjährigen Adolf beschwichtigend über das Haar.

»Kiners, Kiners«, sagt er abwehrend.

Zum Glück ist Fanny jetzt heran und zieht ihre drei Laternenknaben zu sich her. »Nun lasst mal den Onkel Wilhelm in Ruhe«, sagt sie. »Ihr wisst doch: Wenn eine Geschichte in seinem Kopf ist und rauswill, dann darf er nicht gestört werden.«

»Ist eine Geschichte drin?« Adolf stellt sich auf Zehenspitzen und sieht ihn neugierig an.

»Schöne Geschichten«, brummt Wilhelm und sieht dabei seine Schwester wie vorwurfsvoll an. Wenn er zum Scherzen nicht aufgelegt ist, kann nichts ihn erweichen.

Fanny nickt ihm zu, schon gut, schon gut, soll das heißen, dann schiebt sie ihre Kinder vor sich her durch die Tür. Das schwankende Licht der drei Laternen geistert über die Diele. Wortlos hängt Wilhelm seinen Mantel an den Haken. Bevor er in sein Zimmer hinein verschwindet, streift ihn ein kummervoller Blick aus Fannys unverwechselbar großen ruhigen Augen. Sofort hätte er gern seine Schroffheit rückgängig gemacht, aber wieder einmal ist es dafür zu spät.

In seinem Zimmer kramt er in den Schubladen herum, bis er endlich ein Handexemplar der *Kritik des Herzens* gefunden hat. Er schlägt es auf, und am Stehpult schreibt er an den Anfang des Buches, was er sich im Wald zurechtgelegt hat:

In kleinen Variationen über ein bedeutendes Thema sollen diese Gedichte ein Zeugnis meines und unseres bösen

Herzens ablegen. Recht unbehaglich! muß ich sagen. Also schweigen wir darüber, oder nehmen wir die Miene der Verachtung an und sagen, es sei nicht der Mühe wert, oder werfen wir uns in die Brust, und erheben wir uns in sittlicher Entrüstung! Oder sagen wir kurzweg: Es ist nicht wahr! Wer das letztere vorzieht und die Gedichte für falsch hält, der trete vor und lasse sich etwas genauer betrachten. – Was aber die sogenannte sittliche Entrüstung anbelangt, so muß sie wohl keine rechte Tugend sein, weil wir so eifrig dahinter her sind. – Schwieriger und heilsamer scheint mir das offene Geständnis, daß wir nicht viel taugen ›von Jugend auf‹.

So, das soll Bassermann bei der zweiten Auflage den Gedichten voranstellen. Damit der Herr Generalkonsul und sonstige Pharisäer gleich Bescheid wissen. Das besserwisserische Gemecker soll ihnen im Halse stecken bleiben.

Wieder geht er auf und ab, und gerade als er den Entschluss gefasst hat, die halbe Stunde bis zum Abendessen auf dem Kanapee mit seinem Schopenhauer zu verbringen, klopft es an der Tür.

Fanny streckt den Kopf herein, sieht nach der Wetterlage, dann tritt sie zögernd über die Schwelle und zieht die Tür leise hinter sich zu. Mit kleinen Schritten kommt sie näher, bleibt schließlich neben ihm stehen und sieht auf die ungeöffnete Post auf dem Tisch.

Eine Weile schweigen sie sich an, dann sagt Fanny:

»Mina Dörgeloh meint, wir kriegen bald Schnee. Sie hat wieder das Reißen im Bein.«

»Möglich«, nickt Wilhelm. »Kalt genug ist es. Aber zu feucht. Gesünder wär's, es schneit sich aus und ist kalt und trocken.«

»Onkel Heinrich täte das auch besser gefallen«, sagt Fanny. »Ich höre von Kleines nichts Gutes. Er kann das Zimmer nicht mehr verlassen, hustet, hat Fieber und gar keinen Appetit.«

»Das ist nicht das Wetter«, unkt Wilhelm. »Das ist die Schwindsucht. Jeder weiß, was das bedeutet im Alter von 65 Jahren.«

»Jesusmaria«, flüstert Fanny erschrocken. »Musst du immer das Schlimmste vermuten?«

»Man wird sehen«, lenkt Wilhelm ein. »Aber besser, man stellt sich auf alles ein. Hast du von Ida wieder was gehört?«

Seit einem halben Jahr ist Ida Kleine, Onkel Heinrichs Tochter, auf Wilhelms Vermittlung hin in Stellung beim Freund und Verleger Bassermann in Heidelberg.

»Nein«, sagt Fanny. »Ich habe gedacht, dass du …« Sie nickt in Richtung der Papiere auf dem Tisch.

»Das sind andere Sachen«, sagt Wilhelm schnell.

»Es wird ihr schon gut gehen«, hofft Fanny. »In so einem guten Haus wird ihr an nichts fehlen.«

Nachdenklich sieht Wilhelm seiner Schwester ins Gesicht. Manchmal fragt sie ihn dies und das über

Frankfurt, er erzählt ihr dann das Notwendigste und spürt ihre kindliche Neugier, ihre vergeblichen Versuche, sich die Villa und die Menschen im feinen Frankfurter Westend vorzustellen. Mit überscharfem Misstrauen registriert er seitdem, wenn Fanny von »guten Häusern« spricht, von der großen vornehmen Welt da draußen. Er braucht sie doch hier als Hüterin seiner Höhle, als Schutz und Schirm.

»Ist das Abendessen so weit?«, fragt er.

Aber auch sie ist tief in Gedanken und antwortet ihm nicht.

Stattdessen zieht sie das Exemplar der *Kritik des Herzens* aus der Schürzentasche, das sie sich gestern von ihm geholt hat.

Widerstrebend nur hat er ihr das Buch gegeben. Ist das Gekläff der Zeitungsfritzen schon bis an ihre Ohren?, hat er gemutmaßt. Hat sie auch schon was läuten hören? Seine Bücher zeigt er nur denen, die unbedingt danach fragen. Seine Bilder zeigt er keinem. Streng hält er auf Trennung der beiden Welten seines Hin und Her. Besuch, wenn's sein muss, empfängt er in Hannover, in Göttingen oder sonst wo, jedenfalls immer auf neutralem Boden. Den Ort und die Menschen seiner Kindheit will er nur ganz für sich. Aufs Höchste alarmiert starrt er seine Schwester an, erwartet, dass sie im nächsten Augenblick alles durcheinander bringt, schlimmer als jeder Generalkonsul etwas durcheinander bringen könnte.

Aber Fanny gibt ihm das Buch zurück und sagt: »Ich danke dir, Wilhelm, dass du unserer Mutter darin ein so schönes Denkmal gesetzt hast … und auch für Anna, Wilhelm. Danke.«

Am liebsten möchte er seine Schwester umarmen, aber mit beiden Händen befingert er das Buch, das unerwartete Lob macht ihn hilflos, kein Kritiker könnte ihm je eine so tiefe Freude bereiten wie Fanny mit diesen wenigen Worten. Mit traumwandlerischer Sicherheit hat sie die beiden Gedichte herausgefunden, die von dem sprechen, was sie am meisten verbindet: ihre Mutter und ihre Schwester Anna, die mit 15 Jahren an Leukämie gestorben ist.

So ist Fanny eben. Kein Wenn und Aber steht zwischen ihnen, fraglos ist sie auf seiner Seite, da können sich alle Generalkonsule der Welt vereinigen und Lärm schlagen, wenn er sie hat und die Stille des alten Pfarrhauses, da mag draußen trompeten, wer will. Er lächelt erlöst, und weil ihn augenblicklich der Mut wieder beflügelt hat, kann er auch dies sagen: »Herr Gustav Spieß in Leipzig ist anderer Meinung.« Er zeigt auf den Briefbogen auf dem Tisch. »Und manch anderer Schreiberling auch.«

»Mag reden, wer will«, sagt Fanny.

Wilhelm nickt. Erleichtert hält er die gefährliche Klippe für erfolgreich umschifft, da hört er sie sagen: »Hermann meint, es sind solche Sachen wie die mit dem Pfaffen. Damit machst du's dir unnötig schwer.«

»Wie? Mit welchem Pfaffen?«

»Du weißt schon.«

Ratlos sieht er sie an, schüttelt den Kopf und in seinen Blick mischt sich schon wieder ein wenig die Angst. Sie nimmt ihm das Buch aus der Hand, blättert es auf bis fast zum Schluss und tippt mit dem Zeigefinger auf das fragliche Gedicht.

Mit beiden Händen hält er das Buch hoch. Zum ersten Mal liest er sein Gedicht mit anderen, mit ihren Augen:

Wie schad, daß ich kein Pfaffe bin.
Das wäre so mein Fach.
Ich bummelte durchs Leben hin
Und dächt' nicht weiter nach.

Mich plagte nicht des Grübelns Qual,
Der dumme Seelenzwist,
Ich wüßte ein für allemal,
Was an der Sache ist.

Und weil mich denn kein Teufel stört,
So schlief' ich recht gesund,
Wär' wohlgenährt und hochverehrt
Und würde kugelrund.

Käm' dann die böse Fastenzeit,
So wär' ich fest dabei,

Bis ich mich elend abkasteit
Mit Lachs und Hühnerei.

Und dich, du süßes Mägdelein,
Das gern zur Beichte geht,
Dich nähm' ich dann so ganz allein
Gehörig ins Gebet.

Wilhelm schüttelt den Kopf.

»Es geht nicht gegen euch«, sagt er mit durchscheinender Ungeduld. »Wie oft muss ich das nun immer wieder sagen? Es geht gegen die Scheinheiligen, gegen die ultramontanen Heuchler, gegen Frömmelei …«

»Ja, ja«, seufzt Fanny. »Aber Hermann meint, es kann auch leicht falsch aufgefasst werden.«

»Wie's einer auffasst, ist meine Sache nicht mehr«, brummt Wilhelm. »Jeder versteht's so, wie er's verstehen muss.«

»Aber warum ist es denn nötig?«, versucht es Fanny noch einmal. »Wegen eines Gedichts verdirbst du's dir für alle anderen.«

»Grad hab ich was aufgesetzt«, sagt Wilhelm trotzig. »Das soll Bassermann drucken vor die zweite Auflage. Damit verderb ich's mir endgültig und für alle Gedichte.«

Fanny schüttelt den Kopf. »Du bist und bleibst ein unverbesserlicher Querschädel, Wilhelm.«

Wilhelm nickt. »Und dabei wollen wir es auch belassen, Fanny. Sag das auch deinem Hermann.«

»Hermann ist dir gut. Nicht dass du denkst …«

»Ich weiß, Fanny. Ich weiß. Die wirklich frommen Menschen weiß ich wohl zu schätzen. Und nur als solche seh ich euch beide.«

»Ach Wilhelm.«

Sie stehen voreinander und sehen sich in die Augen. Es ist alles gesagt, was gesagt werden kann, sagt sein Blick. Fast gleichzeitig nicken sie sich zu, und leise, wie sie gekommen ist, verlässt Fanny das Zimmer.

Er schaut ihr nach, und für einen Augenblick ist da wieder die beunruhigende Vorstellung, was wäre, wenn er sie nicht hätte. Täglich lässt sie sein Zimmer heizen, fällt ihm ein, hält es sauber, und wenn er nach Hause kommt, kommt er von der Kälte in die Wärme. Dass er wieder nach Hause kommt und nicht nur in Gesellschaft ist, das hat er ihr zu verdanken. Ach Fanny – so soll es nun bleiben.

Jetzt fühlt er sich stark genug, sich an den Tisch zu setzen und die Post zu Ende durchzusehen. Er zieht den Stuhl näher heran, dreht die Lampe heller. Mal sehen, was Bassermann schreibt. Bassermann hat dem Generalkonsul geantwortet, eine Abschrift hat er beigelegt. Begierig streicht Wilhelm das Papier glatt und hält es ins beste Licht. Bassermann schreibt:

Unter höflicher Empfehlungsanzeige Ihrer gefl. Zusen-

dung vom 27. Novbr. müssen wir es zunächst als höchst dankenswerth anerkennen, daß Sie bei den jedenfalls drückenden Sorgen und Mühen Ihres General-Consulats noch die Zeit finden, literarische Novitäten ausführlich zu kritisieren, wie Sie es in Ihrem Brief über Buschs Kritik des Herzens *an das ›hervorragende Blatt‹ thun.*

Ob Sie zu der Kritik einen Beruf und einige Befähigung haben, ist eine Frage, welche Ihrerseits der bejahenden Antwort wohl sicher ist. Wir unsererseits glauben aber, daß Tadeln allein die Kritik nicht ausmacht, sondern daß man mindestens Belege zu dem Tadel geben müßte. Wenn Sie auch gewiß für Ihre Bezeichnungen ›trivial, schaal und schmutzig-lasziv‹ Belege bringen können, welche Leuten, die weder Absicht noch Inhalt verstehen, als beweisführend gelten mögen, so vermuthen wir doch, daß Sie Mehreres übersehen haben müssen, wenn Sie sagen, daß man an keinem Gedicht Freude haben werde. – Wir sagen ›übersehen‹, denn das Verständniß für die Sachen müssen wir doch mit Ihnen, Herr General-Consul, bei Ihnen voraussetzen. – Wenigstens die vier Zeilen des Gedichts auf der zweiten Seite werden Ihnen als blanker Spiegel Freude gemacht haben, und vielleicht zeigt Ihnen der Spiegel auf Seite 22 auch ein Stücklein Ihres werthen Selbst, dessen Anblick Ihnen gewiß stets ein freudebringender ist.

Uebrigens ist ein Dienst des anderen werth. Sie ›zögern nicht, uns von Ihrem Briefe an das hervorragende Blatt eine Abschrift zu schicken‹, die wir dem ›Dichter‹ behufs Spiegelung, wenn's das trübe Glas, und behufs Besserung, wenn's der sündhafte Charakter erlaubt, übermitteln. Als Gegengabe zögern wir nicht, Ihnen anbei den Ausschnitt aus einem ebenfalls hervorragendem Blatte, das seit Deccenien als von tüchtigen Mitarbeitern bedient, und unbestechlich bekannt ist, zu senden.

Wer hat's nun begriffen.

Indem wir uns erlauben, Ihnen diese Frage zu eingehender Prüfung zu empfehlen, verbleiben wir in ausgezeichneter Hochachtung ergebenst

Fr. Bassermannsche Verlagshandlung.

Während des Abendessens ist Wilhelm in bester Laune. Er erzählt seinen Neffen eine Anekdote nach der anderen. Hermann, Otto und Adolf sind ganz Ohr, werden allmählich zutraulicher und fordern den Onkel durch immer neue Fragen zu neuen Geschichten heraus.

Sammelbilder
1874–1880

Man soll sich nicht täuschen lassen. Die Legende vom »Einsiedler von Wiedensahl«, das Bild des still vor sich hin philosophierenden Grüblers, das viele von ihm im Nachhinein haben entstehen lassen und hinter dem er sich selbst gern verbirgt, stimmt nicht. Solange er malt, zeichnet und schreibt, ist er ungewöhnlich in Bewegung. Im Jahr 1873 zum Beispiel ist er außer in Wiedensahl in Lüthorst, in Frankfurt, in München, in Heidelberg, in Bruchsal, er besucht im März für acht Tage seinen Freund Erich Bachmann in der Mühle in Ebergötzen, fährt im Mai zur Weltausstellung in Wien und im Oktober nach Amsterdam und Antwerpen. Er reist mit Eisenbahn und Kutsche.

Im Mai 1874 erscheint *Dideldum*, ein Sammelsurium von Bildergeschichten und Gedichten unterschiedlichster Stimmungslagen. Fast hat man das Gefühl, der Erfinder der Bildergeschichte hält Inventur, schließt ab und bereitet sich ernsthaft auf etwas anderes vor. In welche Richtung dieses Andere zielen könnte, lässt das Schlussgedicht der Sammlung ahnen. Melancholische Bestandsaufnahme mit einer wehmütigen Perspektive, *Summa summarum* überschrieben denn auch:

Sag, wie wär' es, alter Schragen,
Wenn du mal die Brille putztest,
Um ein wenig nachzuschlagen,
Wie du deine Zeit benutztest.

Oft wohl hätten dich so gerne
Weiche Arme warm gebettet;
Doch du standest kühl von ferne,
Unbewegt, wie angekettet.

Oft wohl kam's, daß du die schöne
Zeit vergrimmtest und vergrolltest,
Nur weil diese oder jene
Nicht gewollt, so wie du wolltest.

Demnach hast du dich vergebens
Meistenteils herumgetrieben;
Denn die Summe unsres Lebens
Sind die Stunden, wo wir lieben.

Im selben Jahr noch, im Oktober 1874, erscheint dann das Neue. Es sind Gedichte ganz ohne Bilder. Besinnung sollen sie sein und ein Abtasten in Richtung ewiger Werte. Die *Kritik des Herzens*. Der Titel, hochgegriffen, eine Anlehnung an Immanuel Kants *Kritik der reinen Vernunft*, die Gedichte sehr unterschiedlich in Tonlage und Gebrauchswert, mal schopenhauerphilosophisches Aufblitzen, mal versteckte

Bekenntnisse, mal Melancholie, mal biedere Alltagsreimerei.

Wilhelm Busch ist ein deutscher Humorist. Er will ernst genommen werden. Die *Nebensächelchen* reichen ihm nicht mehr hin. Da ist das *rote Ding in seiner Brust*, da ist die Grübelei über Schopenhauer und die Abstammungslehre von Darwin. Je mehr er vom Leben weiß, umso mehr rückt er vom Leben ab. Auf seinem Beobachtungsposten außerhalb der gewöhnlichen Lebensverhältnisse findet er die Einsamkeit, die er will und sucht, aber mehr und mehr mischt sich nun auch die Verlassenheit ein, die er nicht will, die ihn aber nun gerade in Gesellschaft der Menschen immer häufiger anspringt.

Das verehrte Publikum will ihn so nicht. Busch ohne Bilder, Busch nicht mit lauten, sondern mit leisen Tönen – das wollen nur wenige akzeptieren. Den hohen Kunstrichtern ist die Sache zu trivial, dem breiten Publikum, das seine Bildergeschichten begeistert verschlungen hat, ist sie zu fremd, der pessimistische Grundton zu dunkel. Wen man einmal in einer bestimmten Schublade gefunden hat, den erwartet man nicht in einer anderen. Wir Deutschen halten in dieser Hinsicht auf Ordnung.

Eine Holländerin ist es dann auch, die zu den wenigen zählt, die sich am »Schubladendenken« nicht beteiligen. Die Schriftstellerin Maria Anderson, gebürtig aus Den Haag, wohnhaft in Wiesbaden, fühlt sich von der *Kritik des Herzens* angesprochen und teilt das dem Autor mit. Wilhelm antwortet kurz und höflich, aber schon bald entwickelt sich zwischen beiden ein geistfunkelnder, intensiver Briefwechsel, wie Wilhelm Busch ihn weder vorher noch nachher geführt hat. Sie schreibt ihm holländisch, er antwortet deutsch. Leider sind nur seine Briefe erhalten. Alle Briefe, die an ihn gerichtet waren, nicht nur die von Maria Anderson, hat er vernichtet.

Holland ist ihm grundsätzlich sympathisch. Die Sprache ähnelt seinem geliebten Plattdeutsch, Holland ist das Land der großen Meister, vor kurzem hat er deren Bilder wieder mal in den Museen von Amsterdam bewundert. Dass ihm eine Holländerin gerade zur richtigen Zeit wohltuend Aufbauendes sagt, dass sie es versteht, mit Naivität und Hartnäckigkeit den Grund seiner Schopenhauer-Grübeleien aufzustöbern, das kommt ihm gerade recht, und mit Lust und Leichtsinn stürzt er sich in ein Kopfabenteuer mit Ausweitungsgefahr.

Beschwichtigend gesteht er schon bald der »lieben guten Tante« in Frankurt: … *eine andere Correspondentin hat sich neuerdings hervor gethan; eine Holländerin, 30 Jahre alt und Witwe. – Eine Zeile, ich weiß wohl woher, ist mir lieber als 1000 von woanders!* …

Mit Maria Anderson diskutiert er über Gott und die Welt. Während in seiner übrigen Korrespondenz Pausen von Monaten die Regel sind, schreibt er ihr

Maria Anderson

oft zweimal die Woche. Sie versichern sich gleich zu Anfang gegenseitig, dass ihre Beziehung rein platonisch bleiben soll, was ihn offenbar zu Freiheiten ermutigt, die er sich sonst nicht erlaubt hätte. Nachdem sie ihm ein Foto von sich geschickt hat, antwortet er höchst charmant:

Meinen Dank für Ihre Photographie, obschon ich sagen muß: Sie haben recht! In der linken Backe befindet sich Was wie eine Pflaume, oder ein Kluntje!

Sie hält das aus. Ihr Briefschreibeeifer ist noch größer als seiner. Damit sie weiß, mit wem sie es zu tun hat, sozusagen als Geschäftsgrundlage für ihr Gespräch über den platonischen Zaun, gibt er ihr eine Kurzlektion seiner Weltanschauung:

Gewißheit gibt allein die Mathematik. Aber leider streift sie nur den Oberrock der Dinge. Wer je ein gründliches Erstaunen über die Welt empfunden, will mehr. Er philosophiert – und was er auch sagen mag – er glaubt. – In meinem elften Jahr verblüffte mich der Widerspruch zwischen der Allwissenheit Gottes und dem freien Willen des Menschen; mit 15 Jahren zweifelte ich am ganzen Katechismus. Seit ich Kant in die Hände kriegte, scheint mir die Idealität von Zeit und Raum ein unwiderstehliches Axiom. Ich sehe die Glieder der Kette in Eins: Kinder, Eltern, Völker, Thiere, Pflanzen und Steine. Und alle seh ich sie von einer Kraft erfüllt. Drum gefällt mir Byron so sehr. – Wie könnte uns auch das Zeug nur so bedeutungsvoll erscheinen, wenn alles nicht aus einer Wurzel wüchse? Die ist, was Schopenhauer den Willen nennt: der allgegenwärtige Drang zum Leben; überall derselbe, der einzige; im Himmel und auf Erden; in Felsen, Wasser, Sternen, Schweinen, wie in unserer Brust. Er schafft und füllt und drängt, was ist. Im Oberstübchen sitzt der Intellekt und schaut dem Treiben zu. Er sagt zum Willen: ›Alter! Laß das sein! Es gibt Verdruß!‹

Aber er hört nicht. Enttäuschung; kurze Lust und lange Sorge; Alter, Krankheit, Tod, sie machen ihn nicht mürbe; er macht so fort. Und treibt es ihn auch tausendmal aus seiner Haut, er findet eine neue, die's büßen muß. – Und die-

ser Wille, das bin ich. Ich bin mein Vater, meine Mutter, ich bin Sie und Alles. Darum gibt es Mitleid, darum gibt's Gerechtigkeit.

Natur und Lehre sind verschieden, Natur ist stärker als die Lehre – sagen Sie. Natürlich und gewiß! Der Wille ist der Starke, Böse, Wirkungsvolle, Erste; der Intellekt ist No. 2. – Nichtwollen, Ruhe wär' das Beste. – Wie soll das kommen? – Da steckt's Mysterium.

Bin ich nun deutlich? – Seien Sie gut und brav und liebenswürdig und sagen Sie: Ja wohl!

Eins der seltsamsten und immer wiederkehrenden Themen ihres Briefwechsels ist der Gedanke an die Wiedergeburt:

... Der Gedanke an den Tod scheint mir deshalb meistens so verdrießlich, weil der Einem die Laterne auspustet und Einen in eine neue Haut steckt, von der man nicht weiß, ob sie besser ist als die, welche man ausgezogen. – Der Glaube an Seelenwanderung kommt mir wirklich recht verständig vor und höchst erbaulich dazu ...

Sie fragt, wie denn das seiner Meinung nach funktioniert, und er antwortet:

... Jede Geburt ist Wiedergeburt. – Warum wissen wir nichts mehr von unserem Vorleben? Weil wir ›Lethe‹ tranken, als wir starben, so gut wie wir Lethe trinken müssen, wenn wir sterben werden ...

Aber im nächsten Brief: *... Glaub ich an die alte, gute, ehrliche, biedermännische Lehre von der Seelenwanderung? So ganz doch nicht! Aber ich fühle, daß Wahrheit* *dahinter steckt, wie hinter anderen Religionen oder Mythologieen …*

Sein Ton Maria Anderson gegenüber hat oft etwas sonst an ihm Unbekanntes, Übermütiges, Hochgestimmtes. Dabei rutschen ihm nebenbei schnell mal unbedachte Bemerkungen heraus. Als er ihr ankündigt, nun für sechs Wochen nach Wolfenbüttel zum Malen zu gehen und voraussichtlich von dort wenig schreiben wird (das Gegenteil tritt ein), schreibt er zum Schluss:

… Ich denke, ich habe Ihnen etwas in Vorrath geschrieben; also seien Sie gerecht – so weit das einer Frau möglich – und schreiben Sie mir fleißig …

Woraufhin sie ihm offensichtlich ein wenig den Kopf gewaschen hat hinsichtlich der »Gerechtigkeit der Frauen«. Im ersten Brief aus Wolfenbüttel bereut er schon seine Unvorsichtigkeit:

… Der Weise hält seine Meinung zurück. – Ich merke wohl, ich bin keiner. Hätt ich mich sonst so über die Gerechtigkeit der Frauen geäußert? Ich widerrufe! Auch unter Tournuren wohnt Gerechtigkeit!! …*

Mitten im Plauderton aber kann er ernst werden. Seine Heiterkeit hat Einbrüche von Melancholie und grimmigen Bekenntnissen. Das steigert Maria Andersons Neugierde. Sie will mehr wissen, wird konkreter, persönlicher. Und schon ist es passiert. Es

* Tournure – Turnüre, auch Cul de Paris; Ende des 19. Jahrhunderts unter dem Kleid getragenes Gesäßpolster.

droht Nähe. Sofort schreibt er einen Verteidigungsbrief:

Liebe Mary!

Die Thätigkeit des Blumenkohlähnlichen Gehirns pflegt man Geist zu nennen. Sie haben gesagt, daß Sie meinen Geist liebten. – Gut! – Was kümmert Sie denn meine physikalische Beschaffenheit? – Sollten Sie etwa Geist und Seele mit einander verwechseln? – Das Bild der Seele, welches durch Vermittlung der Sinne im Gehirn sich zeigt, heißt Körper – Wehe, wehe!! – Kommt Ihnen mein Geist, der vielgepriesene, gar so ungenügend vor?? – Ahem!

Die Sache pendelt sich noch einmal halbwegs ein, sie verspricht, »künftig bräver« zu sein, und er hält ihr einen Vortrag über die verschiedene Entwicklung von Mann und Frau im Allgemeinen und über die Zeugungsfähigkeit im Alter.

Dann aber, Ende September 1875, folgt der Anfang vom Ende ihrer Beziehung: Maria Anderson dringt auf ein persönliches Treffen, und er gibt nach:

… Am Mittwoch nächster Woche werde ich von Frankfurt nach Heidelberg fahren. Es soll mir auf einen kleinen Bogen nicht ankommen. Wie wär's, wenn wir an besagtem Mittwoch Abend ein paar Stunden auf dem Bahnhofe in Mainz zusammen verplaudern könnten? …

Von dieser Begegnung gibt es einen Bericht der anderen Seite. Er ist eines der wenigen Zeugnisse, in denen eine Begegnung mit Wilhelm Busch von einem Menschen seiner Zeit ausführlich beschrieben wird. Deswegen wird er hier fast ungekürzt wiedergegeben. 33 Jahre später erinnert sich Maria Anderson:

»Also am 6. Oktober 1875 fuhr ich gegen Abend mit der Bahn von Wiesbaden nach Kastel und mit dem Trajektbootchen nach Mainz hinüber, wo ich Busch am Bahnhof treffen sollte. Aber er stand bereits am Ufer, als ich das Schiffchen verließ. ›Ei, ich treffe Sie schon hier!‹ sagte ich. – ›Es gibt keinen Bahnhof in Mainz, nur eine hölzerne Scheune ist da‹, erwiderte er. ›Ich bin nun im ›Holländischen Hof‹ abgestiegen; man sagte mir, das sei hier das einzige Hotel, wo es keine Wanzen gibt. – Wenn ich gewußt hätte, daß Wiesbaden so in der Nähe von Mainz liegt, hätte ich Sie wohl besser in Wiesbaden besucht; aber ich fürchtete vorgestellt zu werden.‹ (Nun, formelle Vorstellung war auch meine Sache nicht!)

Als wir dann in dem Speisesaal soupieren sollten, sagte er, mit den Augen auf eine Engländerin hinweisend, die steif und still vor einem noch leeren Teller saß: ›Sehen Sie, dann sind sie zufrieden, wenn sie so'n Teller vor sich haben.‹

Er hatte Salm bestellt und wies nun auf die in Stücke geschnittenen großen Kartoffeln, mit der Bemerkung: ›Das nennt man bei uns Schweinekartoffeln.‹

U. a. äußerte er seine Unzufriedenheit, daß sein Büchlein *Kritik des Herzens* weniger gekauft werde als seine Schriften mit den Karrikaturzeichnungen. –

Ich fragte, ob das Anfertigen seiner komischen Sachen ihm selbst nicht viel Vergnügen bereite. – ›Erst wohl, aber später, wegen der vielen damit verbundenen Arbeit, die Clichees etc., weniger‹, sagte er. Und dann: ›Ich könnte mich mehr ausbeuten, aber ich will nicht.‹

Weiter sagte er: ›Ich werde nie heiraten. Erst mußte ich von 400 Gulden im Jahr leben und studieren, und das habe ich auch ohne Schulden zu machen, fertig gebracht. Aber heiraten konnte ich damals nicht, und später, als ich es pekuniär gekonnt hätte, war meine Geliebte gestorben.‹

›Bei meiner Schwester habe ich es nun auch gut‹, versetzte er. ›Ich wickle manchmal deren Kinder …‹

Er trank an jenem Abend ziemlich viel Wein, blieb jedoch, obwohl sehr gesprächig, stets ernsthaft, ja grübelte über Seelenwanderung und sprach: ›Ich möchte wissen, ob ich Sie in einer anderen Existenz noch wiedererkennen würde …‹

Er bemerkte, im Frühjahr melancholisch gestimmt zu sein.

Überhaupt war er viel ernsthafter, als man von einem Humoristen erwarten sollte.

Wir sprachen viel, über vielerlei; – an manches erinnere ich mich nicht mehr: es ist 33 Jahre her.

Inzwischen war es 2 Uhr geworden, und noch immer plauderten wir in dem Speisesaal …

Als ich am nächsten Morgen in den Saal trat, hatte

Busch schon gefrühstückt und eine Zeitung in der Hand. Ich entschuldigte mein spätes Aufstehen, da wir so spät zur Ruhe gegangen waren. – ›Ich bin ein Bauer, steh' ziemlich früh auf‹, sagte er und bemerkte, daß er heiser sei, weil er nachts vergessen hatte, sein Fenster zu schließen. – Dann machte er den Vorschlag, nach dem berühmten Weinort Hochheim zu fahren.

›Gehn Sie mit?‹ fragte er.

Als wir dann in einer Droschke über die damalige Schiffsbrücke fuhren, breitete er begeistert die Arme nach dem Rheinstrome aus, mit dem Ausruf: ›Oh! wie schön!‹ (Ich fand, daß er äußerlich etwas von einem Seefahrer hatte.) … (Als Hannoveraner prononzierte er stark die Schluß-n's.)

Wir waren nun in Hochheim und an einer Weinwirtschaft angekommen.

Busch sagte dem Kutscher: ›Sie können auch etwas trinken.‹ Als wir die Wirtschaft später verließen, bemerkten wir, daß der Mann mehr als wir beide zusammen genossen hatte und dann total betrunken war.

Auf dieser Rückfahrt schlug dieser Kutscher mit seinen schielenden Augen denn auch stets mit der Peitsche rücklings in den Wagen, so daß wir für unser Augenlicht in Sorge waren! Busch lachte und sagte: ›Den Tag vergesse ich nie, wenn's auch nur dieses Kutschers halber wäre.‹

Mein fünfjähriges Söhnchen wünschte auf dem Bock zu sitzen, und da die Chaussee holprig und der Kutscher ›voll‹ war, sagte ich zu Busch: ›Mir ist ängstlich, daß das Kind herunterfällt.‹ – Busch aber sprach: ›Wenn er nicht fallen muß, dann fällt er nicht!‹

Unter den Kastanienbäumen des Bahnhofgartens in Kastel verabschiedeten wir uns. Busch fuhr weiter nach Heidelberg, zu seinem Verleger, und ich nach Wiesbaden zurück, und erzählte Multatuli* die Begegnung.«

Verleger und Freund Otto Bassermann berichtet, dass Wilhelm in »fürchterlicher Stimmung« in Heidelberg eingetroffen ist. Das Bild ist aus dem Rahmen gefallen. Die Anforderung, mit dem wirklichen Leben umzugehen, verwirrt ihn tief. Erschrocken tritt er die Flucht an.

Einen ganzen Monat lang dauert es bis zum nächsten Brief an Maria Anderson. Sie hat ihn inzwischen mit Büchern und Briefen überschüttet. Er geht kaum darauf ein und berichtet ihr stattdessen von schönen Tagen in Ebergötzen, von idyllischer Kindheit, vom Müller in der alten Mühle, der *ist seit meinem zehnten Jahr mein Freund, der liebste und beste, den ich habe.*

Ein- oder zweimal im Jahr, meist im Winter, wenn die bäuerliche Arbeit ruht, ist er jetzt regelmäßig in

* Multatuli – Eduard Douwes-Dekker (1820–1887), holländischer Schriftsteller, der gegen die Kolonialgesinnung seiner Landsleute schrieb; lebte im Exil in Wiesbaden; mit Maria Anderson befreundet.

Erich Bachmann

Ebergötzen, bleibt manchmal ein paar Tage, manchmal ein paar Wochen. Erich Bachmann ist, wie erwartet, längst Mühlenbesitzer geworden. Wenn Wilhelm zu Besuch ist, hocken sie in der warmen niedrigen Stube beim Wein und schwelgen ausführlich in der Vergangenheit. Max und Moritz sind in die Jahre gekommen, ihre Freundschaft ist ein träger, aber beständiger Fluss durch die Zeit, sie haben ihre Zähmung längst hinter sich, niemand will sie mehr einsacken, das Risiko, durchgedreht zu werden, gehen sie nicht mehr ein. Ruhe und Behaglichkeit ist beider Lebensziel. Erich wahrt den Besitzstand und Wilhelms Abenteuer finden endgültig nur im Kopf statt.

Nach der Begegnung mit Maria Anderson erlischt das Strohfeuer ihrer Beziehung zusehends. Im Jahr 1875 schreibt er ihr noch siebenmal, weist ihre idealistisch-poetische Haltung zurecht, die in dem Satz gipfelt: *Ich möchte lieber einen unglücklichen Menschen tödten, als einen Vogel im glücklichen Flug.* Pessimistisch wehrt er ab: … *Nun fliegt so ein Vogel, um Futter zu holen, oder zum Liebchen zu eilen, oder den Feind zu vermeiden, oder er fliegt auf die Wanderschaft. Entweder lockt ihn der Wunsch, oder es jagt ihn die Furcht. Wen aber Angst und Mangel treiben, der kann nicht glücklich sein. Folglich: es gibt keinen Vogel im glücklichen Flug. – Doch der ›Flug‹ ist ja nur ein poetisches Bild … Käme wirklich und im Ernst der Augenblick der Wahl für Sie, ich weiß, Sie würden Dolch, Keule, Gift und Karabiner sinken lassen und brächten lieber doch den Vogel um …*

Die Realität hat die Phantasie durchsetzt und zur Landung gezwungen. *Ja, meine liebe Frau Anderson, wir radebrechen uns was Ehrliches herum …*, stöhnt er im November. 1876 schreibt er ihr nur noch sporadisch, 1877 noch zweimal knapp und kühl, das letzte Lebenszeichen schickt er ihr im August 1878 nach einem Aufenthalt auf der Insel Borkum:

Vor einer Stunde von der Insel im Meer zurückgekehrt, schicke ich Ihnen einliegend das Gewünschte zurück.

Mit freundlichem Gruß Wilh. Busch.

Schluss, aus, vorbei. Danach kein Wort mehr an Maria Anderson. Er kehrt zurück zum Altbewährten, zum Brotberuf, er beutet seine Begabung aus. Nach dem Versuch mit den Gedichten nun wieder ein Rückzug auf das Erfolgversprechende. Nur die Wehmut, der Gedanke an die Vergänglichkeit, die Vorstellung, die Zeit vielleicht nicht gut genutzt zu haben, wird etwas stärker.

Schon während er 1875 mit Maria Anderson korrespondiert, zeichnet und reimt er an einer neuen großen Bildergeschichte. Tobias Knopp, in die Jahre gekommener Junggeselle wie er, kugelrund trotz Badekuren, bemerkt vor dem Spiegel die sich ausbreitende Glatze und sinniert:

Ach, so denkt er, diese Welt
Hat doch wenig, was gefällt.
Rosen, Tanten, Basen, Nelken
Sind genötigt zu verwelken;
Ach, und endlich auch durch mich
Macht man einen dicken Strich.
Auch von mir wird man es lesen:
Knopp war da und ist gewesen.
Ach, und keine Träne fließt
Aus dem Auge, was es liest:
Keiner wird, wenn ich begraben,
Unbequemlichkeiten haben;
Keine Seele wird geniert,

Weil man keinen Kummer spürt.
Dahingegen spricht man dann:
Was geht dieser Knopp uns an?
Dies mag aber Knopp nicht leiden.
Bei dem Gedanken, so zu scheiden
In ein unverziertes Grab,
Drückt er eine Träne ab …

Die brave Haushälterin Dorothee muss nun das Ränzlein schnüren, und Herr Knopp wandert in die weite Welt, um sich eine Frau zu suchen. Natürlich kommt alles, wie es kommen muss: Der Jugendschwarm Adele ist eine hässliche Jungfer geworden, Freund Knartje, der Förster, wird von seiner Frau betrogen, Rektor Debisch von seinem Sohn, Meister Druffs Sohn Franz hängt trotz vorsorglicher Prügel dem Knopp einen Schweineschwanz an den Frack, die Damen erschrecken vor dem nackten Knopp, Freund Babbelmann ist durch Heirat scheinheilig geworden, Küster Plünne kann sich vor Kindergeplärr nicht retten, der biedere Mücke betrügt seine Frau, wo er nur kann. *Heißa!*, ruft Sauerbrot. *Heißa! Meine Frau ist tot!!* Aber am Ende ist sie nur scheintot und Sauerbrot trifft der Schlag. Mit Klotilde ist Knopp schon fast verlobt, doch dann kommt es zu einem peinlichen Zwischenfall und Knopp flieht. Wo man hinsieht, nur Verdruss mit Sexualität und Liebe. Aus allen Mann-Frau-Beziehungen erwachsen nur Ärger und Unruhe. Das bestätigt am Ende auch noch einmal der Eremit Krökel von seinem weltfernen Beobachtungsposten:

O ihr Mädchen, o ihr Weiber,
Arme, Beine, Köpfe, Leiber,
Augen mit den Feuerblicken,
Finger, welche zärtlich zwicken,
Und was sonst für dummes Zeug
Krökel, der verachtet euch.
Mir ist alles einerlei.
Mit Verlaub, ich bin so frei.
Nur die eine, himmlisch Reine,
Mit dem goldnen Heilgenscheine
Ehre, liebe, bet ich an:
Dich, die keiner kriegen kann,
Dich, du süße, ei jaja,
Heil'ge Emerentia.

An diesem Standpunkt ist Wilhelm in seinem Leben nun angelangt. Niemand kann ihm genügen. Und die große eine, in der Kindheit erträumte, idealistisch verklärte Liebe gibt es nicht. Das weiß er längst und das macht ihn schwermütig. Schwermut ist aber nichts, was in eine Bildergeschichte passt, die Erfolg haben soll. Er hat einen Grenzpunkt berührt. Deshalb macht er in der Geschichte jetzt eine Wendung, erklärt den Krökel, also sich selbst, kurzerhand zum Ekel und klagt theatralisch:

Und die Liebe per Distanz,
Kurz gesagt, mißfällt mir ganz.

Kurz, knapp, brillant, dem Publikum zuliebe, lässt er nun seinen Papiertheaterhelden »happyenden«:

Knopp, der eilt nach Hause fort,
Und sieh da, schon ist er dort.
Gerade lüftet seine nette,
Gute Dorothee das Bette.
»Mädchen«, spricht er, »sag mir ob ...«
Und sie lächelt: »Ja, Herr Knopp!«

Sein Publikum hat ihn nun wieder und ist's zufrieden. Ebenso sein Verleger. Otto Bassermann spornt an: »Die Menschheit, incl. Dein Verleger, lechzt nach etwas Neuem von Dir.«

Also – und diesmal trifft er die Entscheidung selber – also, noch einmal in dieselbe Kerbe. Die *Abenteuer eines Junggesellen* finden eine Fortsetzung. *Herr und Frau Knopp* heißen die abgründigen Szenen einer Ehe von Wilhelm Busch.

Zum ersten Mal zeichnet er diese Geschichte nicht auf Holzklötze, sondern bedient sich der damals erfundenen »Zincographie«. Die Zeichenvorlagen werden photochemisch auf die zum Ätzen bestimmten Zinkplatten übertragen. Dieses weniger arbeitsaufwändige Verfahren (Strichätzung) erlöst ihn von der

Aufgabe, seine Zeichnungen seitenverkehrt auf das Holz zu übertragen.

Auch die Ehegeschichte bleibt nicht ohne Folge. *Julchen* heißt das Kind, das dem Bilderpaar geboren wird, also auch der dritte Band der *Knopp-Trilogie*. In die meist heiter beschwingten Reime schneidet sich – wiederholt und bedrohlich – das Bild vom dürren Sensenmann mit dem Reim:

Eins, zwei, drei! Im Sauseschritt.
Läuft die Zeit; wir laufen mit.

Und tatsächlich: Nach der rührenden Familienszene am Schluss, in der Julchen endlich zur Heirat ihrem Förster-Fritz freigegeben wird, fordert der grimmige Philosoph im Humoristen Busch sein Recht. Die Existenz des Tobias Knopp ist auf einmal sinnlos geworden, er sackt in sich zusammen wie ein Ballon, aus dem die Luft weicht, zack, schneidet die Parze seinen Lebensfaden ab, und das letzte Bild gehört dem Sensenmann.

Die *Knopp-Trilogie* – entschlossene Rückbesinnung auf die alte Erfolgsspur – zeigt besonders deutlich die Doppelgestalt seiner Bildergeschichten: Einerseits sind sie sehr wohl beißende Satiren auf die Spießbürgerlichkeit, andererseits kann noch der größte Spießbürger schenkelklopfend seinen Gefallen daran finden.

Keiner ist von seinen Geschichten ausgeschlossen. Jeder kann sich von seinem Standpunkt aus spiegeln. Wir sehen Knopp mit Messer und Gabel bewaffnet über den Teller gebeugt, die Serviettenzipfel wie Schweinsohren von seinem Kopf abstehend, auch tritt das Schweinemäßige an ihm an anderer Stelle deutlich hervor, doch stets so, dass man als Betrachter fast immer darüber lachen muss, was ja wohl auch heißt, dass wir das Schwein in uns grunzen hören.

Er hat für sich selbst den Widerstreit zwischen behäbiger Spießbürgerlichkeit und Scharfsinn gegenüber menschlicher Unzulänglichkeit nicht entschieden und entscheiden wollen. Maria Anderson und Erich Bachmann gehören ihm immer und beide zu. Auch wenn ihm die eine schnell lästig geworden ist. Er findet bald schon Ersatz für sie.

Lange und immer wieder hat er über die Nützlichkeit des kleinen Wörtchens »vielleicht« nachgegrübelt:

Sage nie: »Dann soll's geschehen!«
Öffne dir ein Hinterpförtchen
Durch »vielleicht«, das nette Wörtchen,
Oder sag: »Ich will mal sehen.«

Alles Bekennerhafte ist ihm zuwider. Zuwider ist ihm aber auch die eigene Unentschiedenheit, der er Ruhm und Ehre verdankt. Erich Bachmann berichtet er im Januar 1876 von der Rückreise aus Ebergötzen:

... In Göttingen sagte ich Fräulein Mathilden ade. Sie und Hendrike setzten sich ins Damencoupé. – Nun fuhr ich recht gemütlich. Aber in Kreiensen zog ein Herr meine Abenteuer eines Junggesellen aus der Tasche und las sie laut der Reisegesellschaft vor bis Nordstemmen. Es war mir sehr peinlich und ekelhaft; ich that, als wenn ich schliefe ...

So wie er ins Provinzielle flüchtet, bricht er daraus aus. Seit 1873 ist er nun auch immer wieder in München. Herausforderung, Anregung, neue Freunde findet er dort. Noch einmal geht er der alten Hoffnung nach, versucht vom Nebenweg auf die Hauptstraße der Kunst, zu den Bildern, zum Malen zurückzufinden.

Statt »Jung-München« gibt es in der bayrischen Metropole jetzt den Künstlerverein »Allotria«. Selbstverständlich ist Wilhelm da schon bald Stammgast. Im Unterschied zu »Jung-München« ist »Allotria« kein Nachwuchsverein, sondern ein Sammelpunkt gestandener Künstler. Franz von Lenbach, zum Beispiel, der berühmteste deutsche Porträtmaler der Zeit, ist abends in dieser geselligen Runde anzutreffen. In seiner Umgebung sieht Wilhelm verwirklicht, was ihm selbst nicht beschieden. Fast ehrfürchtig, wie sonst keinem Menschen, nähert er sich dem berühmten Kollegen und gewinnt seine Freundschaft.

Busch, Lindau und Lenbach

Lenbach lädt ihn ein, in seinem Atelier zu malen. Wilhelm nimmt an.

In Lenbachs Atelier verkehren Persönlichkeiten aus Kunst und Kultur. Den Maler Friedrich August von Kaulbach lernt er dort kennen und den Architekten Lorenz Gedon. Das wäre was für die »Tante« in Frankfurt, denkt er. Die ist ja so versessen auf große Kunst. Warum schreibt sie so selten? Trotzig und wie beweisführend, dass er trotz großer Welt nicht gewillt ist, von seiner »Versimplung« abzulassen, schreibt er ihr aus München:

… So gegen zehn ging ich in den Künstlerverein, wo ich Gedon und Kaulbach traf, trank 3 Glas Bier und erwachte mit gelindem Schädelbrummen. Heute bei Lenbach. Ich werde bei ihm malen können. Er lud mich auch ein, täglich bei ihm zu essen, was ich aber abgelehnt. Werd ich bald ein paar freundliche Worte von Ihnen hören? Das würde mir bei dem Regen und Schlackerschnee sehr wohl thun …

Wilhelm malt. Aber mit einem Bild rückt er nicht heraus. Wenn einer dazukommt, hat er gerade irgendetwas versteckt. Nur Lenbach zeigt er hin und wieder mal etwas, wenn sie allein sind. Im Übrigen geht ihm das Ein und Aus in Lenbachs Atelier schon bald auf die Nerven. Im September 1877 besorgt ihm Freund Gedon ein Atelier in der Karlstraße 36.

Auch den Theaterschriftsteller und Publizisten Paul Lindau aus Berlin hat Wilhelm bei Lenbach kennen gelernt. 1878 schreibt Lindau eine ausführliche, wohlwollende, aber nicht unkritische Würdigung von Werk und Person des Wilhelm Busch in der Zeitschrift *Nord und Süd*. Lindau ist einer der wenigen, die ihn auch als Maler wahrnehmen. In erfrischender Offenheit gibt er dazu auch den persönlichen Teil ihrer Bekanntschaft preis:

»… Busch verbringt fast alljährlich einige Wochen, bisweilen werden es auch ein paar Monate, in München und hat während der letzten Jahre in Lenbachs Atelier gemalt. Die eine Farbskizze, die ich von ihm bei Hanfstaengl in München gesehen habe, zeigt ein ganz entschiedenes, auch koloristisch merkwürdiges Talent. Mehr noch als meinen Augen traue ich aber in diesem Falle dem Urteile Lenbachs, der Busch für einen hochbegabten Maler hält. Auch in dieser großen Stadt liebt Busch die Abgeschiedenheit. Nur im engsten Freundeskreise fühlt er sich wohl, und nur da lernt man ihn kennen. Sympathie und Antipathie sind bei ihm sehr stark entwickelt; er kann die Menschen entweder nicht ausstehen, oder er befreundet sich schnell. Wie reizende Stunden haben wir zu Dreien verbracht, Lenbach, Busch und meine Wenigkeit! Wie gemütlich fühlten wir uns gleich von der ersten Stunde an zusammen, als wären wir langjährige Freunde! Wie mitteilsam, wie interessant war Busch, wie wenig entsprach er dem Bilde, das man mir von ihm gegeben hatte! In ganz ungezwungener Weise vertieft sich mit Busch die Unterhaltung auf der Stelle; man unterhält sich eben mit ihm und spricht nicht von den üblichen Banalitäten. Nicht einen Augenblick reißt der Faden ab. Da wurde behauptet und gestritten, da ereiferten wir uns zu Dreien, und die Zeit flog dahin, im Sauseschritt, bis der Kellner, der sich schon ein dutzendmal den Schlaf aus den Augen gerieben und durch allerhand Bewegungen, die von vorwurfsvollem Gestöhn begleitet waren, zu verstehen gegeben hatte, daß wir seit einigen Stunden die letzten Gäste im Lokal seien, um uns schließlich mit nicht mißzuverstehenden Worten daran gemahnte, daß die frühe Morgenstunde bereits geschlagen hätte ...«

Paul Lindau hat eine hübsche, unkomplizierte, warmherzige Frau. *Das hübsche Madamchen.* Sie hat ganz offensichtlich auch ihrerseits Gefallen an dem immer noch gut aussehenden Wilhelm gefunden. Im Frühjahr 1880 schickt ihm Anna Lindau einen Brief aus Berlin:

»Lieber Freund! Warum kommen Sie eigentlich nicht her? Lenbach, Wilbrandt, Paul und ich, wir sehnen uns so danach, Sie hier zu haben. Ich hoffe, Sie kennen mich noch – ich wenigstens denke noch mit stiller Freude an die frohen Tage, da wir uns kennenlernten und Sie uns so furchtbar gut gefielen. Kommen Sie her, das Leben ist so freudlos, man muß jeden Augenblick ausnützen, vielleicht gefallen Ihnen die Menschen hier auch einmal. Kommen Sie! Tausend Grüße von Paul. Anna Lindau.«

Die Sache ist ihm zu gefährlich. Und er begnügt sich wieder einmal mit schönen Träumereien. Wie nun schon häufig, scheut er vor dem Versuch zurück, seine Wünsche in die Wirklichkeit herüberzuholen. Was gäbe das für Verwicklungen, was für ein heilloses Durcheinander. Nein, nein, sein Verstand hält alles nieder, bevor es ihm gefährlich werden könnte:

... Ihren lieblichtönenden Brief erhielt ich grad, als ich in München schon einen Fuß im Steigbügel hatte, um das Dampfroß zu besteigen. – Tausend Grüße! (700 für Sie,

300 zu gleichen Theilen für unsere drei berühmten Freunde) von Ihrem Sie gründlich verehrenden

Wilhelm Busch, der aber so bald nicht kommen kann.

Aber keine Beziehung lebt vom Geist allein, die zwischen Mann und Frau schon gar nicht. Diese für ihn bittere Erfahrung hat er nun auch in Frankfurt gemacht. Dass Johanna Keßler ihre große Frankfurter Welt seinetwegen aufgeben könnte, ist so undenkbar wie die Annahme, Himmel und Erde würden zusammenstoßen. Und er hat ihre Erwartungen enttäuscht. Allotria war stärker. Wenn er ihr in letzter Zeit von Lenbach, Piloty, Diez oder Kaulbach nach Frankfurt berichtet hat, schreibt er, dass er mit ihnen *das Wetter bei Nacht* geprüft hat. Von Bildern keine Rede. Und die erhofften »freundlichen Worte« aus Frankfurt sind ausgeblieben. Kurz vor Weihnachten 1877 hat Wilhelm gejammert:

Liebste Tante!

Also nicht allein nichts zu Weihnachten, sondern auch noch obendrein einen ironischen Festgruß, eine Art von Ruthe. Auweh! Geschieht ihm ganz recht! Warum ist er nicht fleißiger gewesen? …

Das war zu viel für ihre angespannte Beziehung. Ergebnis: Schluss, aus, vorbei. Kein Brief mehr aus Frankfurt, keiner dorthin.

Im Frühjahr nach dem Abbruch der Beziehung zu *seinen Frankfurtern* treibt es ihn weiter hinaus. Zusam-

Marie Hesse

men mit seinem Neffen Hermann Nöldeke macht er eine kurze Italienreise. Aber der niedersächsische Querschädel sperrt sich gegen alle Einflüsse südlicher, barocker, klerikaler Kultur. Alles, was er seinem Freund Franz von Lenbach aus Venedig zu berichten weiß, ist:

Wir haben einen gründlichen Bauernregen und sahen unterwegs recht viele Maulbeerbäume. Die Gegend daher ist fast so schön wie die Lüneburger Heide. *Dein W. B.*

Viel wohler fühlt er sich auf der Nordseeinsel Borkum, wo er sich im Sommer desselben Jahres mit allen drei Neffen fünf Wochen lang aufhält und eine neue Bekanntschaft knüpft. Marie Hesse heißt die hübsche, verheiratete Frau, Mutter zweier Kinder, Herrin eines Landgutes in Schlesien mit Zweitwohnung in Bremen. Gleich ein paar Monate nach dem Kennenlernen besucht er sie da, und es entwickelt sich über drei Jahrzehnte ein gleich bleibend freundlicher Briefwechsel. Kaum hat er Marie Hesse kennen gelernt, lässt er Maria Anderson links liegen. Ein Ersatz für Johanna Keßler aber ist ihm die neue Beziehung niemals. Mit Marie Hesse kommt es zu keinerlei Turbulenzen, auch der Herr Gemahl lässt grüßen und wird freundlich wiedergegrüßt.

Im August 1878 stirbt sein Schwager Hermann Nöldeke, Pfarrer in Wiedensahl. Schwester Fanny, in Sorge um die Zukunft ihrer drei Söhne, ist entschlossen, das abgelegene Wiedensahl zu verlassen. Bückeburg oder Göttingen, überlegt sie, soll ihr neuer Wohnsitz werden. Hermann, Adolf und Otto sollen eine gute Ausbildung bekommen, sollen studieren.

Aber Wilhelm will nicht fort aus Wiedensahl. Seinen Fluchtpunkt vor der Welt will er nicht aufgeben. Er setzt alles daran, seine Schwester umzustimmen. Schließlich geht er Verpflichtungen ein, die ihn praktisch zum Vater von drei Söhnen machen.

Im Februar 1879 ziehen sie ins Pfarrwitwenhaus in Wiedensahl um, das nach Wilhelms Plan und Geld gründlich renoviert worden ist. Er ist nun Familienvater, hat eine Frau, die seine Schwester ist, und drei Söhne, die sich als folgsam und lerneifrig erweisen und sich auf seinen väterlichen Rat und seine finanzielle Unterstützung verlassen können. Dafür hat er ein Zuhause, weiß, wo sein Platz ist, egal was in der großen Welt gespielt wird. Es ist ihm durchaus recht so: Er ist umsorgt, hat seine heimatlichen Bezüge und kann in vielem doch Abstand halten.

Im Mai 1878 ist ein neues Buch von Wilhelm Busch erschienen. Auch das hat sicherlich der großbürgerlichen Johanna Keßler in Frankfurt am Main wenig gefallen. Statt der erhofften großen Bilder »nur« Bildergeschichten von betrunkenen Leuten.

»Haarbüdel« riefen im Plattdeutschen die Kinder den Betrunkenen hinterher. Der Haarbeutel war ein schwarzes taftseidenes Säckchen, das die Männer in der Perückenzeit zum Schutz gegen Puder an ihrem Zopf trugen, ein Pendel, an dem der schwankende Gang leicht ablesbar war. *Die Haarbeutel* nennt Wilhelm also seine acht betrunkenen Geschichten, Summe seiner Erfahrung in Münchner Nächten, durchsetzt mit grimmiger pessimistischer Philosophie. Lebenserfahrung und Reimlust treiben ihn hier zu Gipfelpunkten seiner Bildergeschichtenkunst, auf denen ein kalter Wind weht, der reine Zynismus regiert. Meister Zwiel zum Beispiel in *Eine kalte Geschichte* kommt betrunken nach Hause, sucht vergeblich das Schlüsselloch, verliert den Schlüssel und das

Gleichgewicht, fällt in die Regentonne, erstarrt zu Eis, schneit ein und verstirbt. Über allen Niederungen der Gefühle reimt Wilhelm:

Der Morgen kommt so trüb und grau;
Frau Pieter kommt, die Millichfrau;
Auch kommt sogleich mit ihrem Topf
Frau Zwiel heraus und neigt den Kopf.
»Schau schau!« ruft sie in Schmerz versunken.
»Mein guter Zwiel hat ausgetrunken!
Von nun an, liebe Madam Pieter,
Bitt ich nur um ein Viertel Liter!«

Viele haben ihm solche Wendungen als Kälte und Grausamkeit übel genommen. Man kann es auch anders sehen: Hier hat seine Sehnsucht nach Wärme am stärksten Ausdruck gesucht. Hier ist sein Protest gegen die geschäftsmäßige Kälte der Gründerjahre ohne Wenn und Aber in Wort und Bild gesetzt. Hier spielen die Figuren seines Papiertheaters ihre Rollen bis zur letzten Konsequenz durch. Hier hat er sich ganz und gar und auf Nimmerwiedersehen ins Versteck verkrochen.

Während Verleger Otto Bassermann im Sommer 1878 von Heidelberg nach München umzieht, ist Wilhelm mit Skizzenblock und Zeichenstift im hannoverschen Zoo zu finden. Beharrlich sitzt er vor dem Affenhaus und macht Bewegungsskizzen. Meerkatzen im Sprung, sich am Baum hangelnd, sitzend. Bewegung, Unruhe, der ständige Angriff auf die bestehende Ordnung, Chaos – das sind Grundelemente seiner Bildergeschichten. Kinder und Tiere, als Träger des unverbrauchten, von der Zivilisation noch nicht vereinnahmten Lebenswillens, sorgen dafür. Sie scheitern immer, werden durch die Mühle gedreht oder auf andere Weise aus dem Leben befördert. Oder werden gezähmt, was nicht viel anderes bedeutet.

Selten aber ist damit eine pädagogische Lehre verknüpft wie etwa in Heinrich Hoffmanns 1845 erschienenen *Struwwelpeter*-Geschichten. Bei Wilhelm Busch heißt die einzige Lehre: Trotz aller Prügelei, der Mensch ist nicht erziehbar.

Ergebnis seiner hannoverschen Bewegungsstudien und seiner antipädagogischen Überzeugung ist die Bildergeschichte *Fipps, der Affe* und die geht so:

Mit List und Tücke wird Fipps in Afrika seiner Freiheit beraubt und nach Bremen gebracht, wo er zunächst als Friseurgehilfe dem Bauern Dümmel das Ohr traktiert, dem Seelenfreund der Adele den Pudding über den Kopf stülpt und dem Konditor Köck die Brezen stiehlt. Doktor Fink fängt ihn schließlich ein, prügelt ihn durch und nimmt ihn in seine Familie auf, wo Fipps vor allem mit Schnipps, dem Hund, und Gripps, der Katze, seinen domestizierten Tierkollegen, seine unverblümt sadistischen Scherze treibt und sie sich – nach dem Recht des Stärkeren, frei nach Charles Darwin – untertan macht. Bei einem Brand erweist sich Fipps selbst als scheinbar den Menschen angepasst, er rettet das Kleinkind Elise und lebt zum Lohn fortan in materiellem Wohlstand. Doch auch diese – der momentanen Situation des Autors vergleichbare Situation – lässt keine Zufriedenheit zu, denn:

Leider Gottes, so ist der Schlechte,
Daß er immer was anderes möchte,
Auch hat er ein höchst verruchtes Gelüst,
Grad so zu sein, wie er eben ist.

Nach dem bekannten Hin-und-Her-Schema bricht Fipps aus der behaglichen Geborgenheit aus, lässt seinen tierischen Trieben freien Lauf, trifft unglücklicherweise auf den Bauern Dümmel, der seinen Peiniger erkennt, mit den biederen Nachbarsleuten eine Hatz veranstaltet und den armen Affen erschießt, worüber niemand – außer dem Kind Elise – eine Träne vergießt.

Am 15. Juni 1879 stirbt Bruder Otto in Frankfurt an Krebs. Wilhelm fährt nicht zum Begräbnis. Mit Otto hatte es Probleme gegeben. Dr. Otto Busch hatte ein Buch über Arthur Schopenhauer geschrieben, das durch Wilhelms Vermittlung bei Bassermann erschienen war. In Fachkreisen war das Buch heftig kritisiert worden. Auch Wilhelm hielt es für wenig gelungen. Seine brüderliche Pflicht war ihm zur Last geworden. Ottos Tod rückt Frankfurt für Wilhelm nun noch ein Stück weiter weg.

Aber Damen der Gesellschaft, die Künstler in ihren Kreis ziehen, gibt es in München auch. Eine davon ist Henriette Eller, Witwe eines Hofgerichtsrates. Zu ihrem Freundeskreis zählen Franz von Lenbach und Gottfried Keller. Obwohl Wilhelm, wie er sagt, die geistreichen Zirkel nicht mag, fühlt er sich Henriette Eller gegenüber doch angeregt, geistreich zu sein, und gibt ihr Einblick in seine Gedankenkammer:

Ja, meine liebe Frau Eller, wir müssen uns nun mal drücken und drängen lassen zwischen den eigenwilligen Dingen dieser Welt, weil wir auch eins sind. Darum keine Entrüstung! – Dürfen wir doch hie und da mal abbiegen auf Seitenwege und den Sorgen- und Sündenranzen ins Gebüsch werfen, um in der oberen Gehirnkruste einen jener kleinen, fidelen Umzüge zu halten, die wir schlichtweg ›Versimpelung‹ nennen.

Ich denke mir z. B. Garnichts, aber hübsch rund, nenne es Punkt, lege mich daneben und ruhe nun im stillen, mäßig beleuchteten Grunde meiner Seele, dem einsamen Aufenthaltsorte jenes nulldimensionalen Wesens vorläufig ein wenig aus. Indem ich hierauf meinen Punkt der Länge nach, ohne zu wackeln, ganz ehrbar spazieren führe, beschreib ich eine gerade Linie und bilde so die gefahrlose Straße der ersten Dimension …

Was er hier vor Henriette Eller ausbreitet, dieses seltsame Gedankenspiel, ist die Konzeption zu einer Geschichte, die elf Jahre später erscheinen wird.

Zum Kreis um Henriette Eller in München zählt auch der Musiker Hermann Levi. Zwischen Wilhelm und ihm entwickelt sich eine Freundschaft, die zu den innigsten und herzlichsten Beziehungen gehört, die Wilhelm Busch zeit seines Lebens eingegangen ist. Hermann Levi, Sohn eines Rabbiners in Gießen, Hofkapellmeister in München, erhält im Oktober 1880 den Auftrag, den *Parsifal* bei der Uraufführung in Bayreuth zu dirigieren. Im Dunstkreis nordischer Mythen, im Bann Wagner'scher Musik, vom großen Meister in Bayreuth seiner Religion wegen gepeinigt, beginnt Hermann Levi an seinem jüdischen Glauben zu zweifeln und überlegt zu konvertieren. Auch mit Freund Wilhelm führt er darüber lange Gespräche. Welchen Rat kann der ihm gegeben haben?

Seine Meinung über die Juden hat Wilhelm Busch vor dem Beginn ihrer Freundschaft vorurteilsvoll dem Zeitgeist nachgeredet:

Und der Jud mit krummer Ferse,
Krummer Nas' und krummer Hos'
Schlängelt sich zur hohen Börse
Tiefverderbt und seelenlos.

(Fromme Helene 1872)

Auch mit der Freundschaft zu Hermann Levi ändert sich an dieser Haltung nichts. Obwohl ihn schon das wohlwollende Entgegenkommen und die Freundschaft des Juden Paul Lindau eines Besseren belehrt haben müsste, zeichnet und reimt Wilhelm Busch sich auch 1882 in *Plisch und Plum* – ganz auf den Beifall der Volksmeinung bedacht – in trivialer Manier den Prototypen eines Juden zusammen, wie ihn die Spießbürgerseele als Blitzableiter haben will:

Kurz die Hose, lang der Rock,
Krumm die Nase und der Stock,
Augen schwarz und Seele grau,
Hut nach hinten, Miene schlau –
So ist Schmulchen Schievelbeiner.
(Schöner ist doch unsereiner!)

Es finden sich viele antisemitische Wendungen wie beiläufig im Werk und in den Briefen des erfolgreichsten deutschen Humoristen. Wilhelm Busch war Antisemit in einer Zeit, in der der Hass gegen die Juden heftig geschürt wurde.

Er konnte nicht voraussehen, welch fürchterliche Folgen der in seiner Zeit propagierte Antisemitismus haben würde. Er wollte dazugehören. Das hatte er doch gelernt: Etwas muss man dafür auch tun. Und wenn alle in diese Kerbe hauen, hat er gemeint, kann er es doch schadlos auch.

»Christ und Jud unter einem Dach.«
Wilhelm Busch und Hermann Levi

Wir können nur feststellen: Obwohl er jüdische Freunde hatte, obwohl er in Lüthorst jüdische Kinder gemalt und erfahren hat, dass die Juden keineswegs, wie es die antisemitische Hetze behauptete, alle schacherten, also andere übervorteilten und auf diese Weise reich würden, obwohl er es also hätte besser wissen müssen, hat der sonst so scharfsinnige Beobachter menschlicher Schwächen hier seiner alten eigenen Schwäche nachgegeben und hat offenbar um der Zustimmung seiner Mitmenschen willen darauf verzichtet, Nein zu sagen. Die Folgen können nicht verschwiegen werden:

Als der Ungeist der Zeit reif ist, 1939, erscheint zum Beispiel ein Buch mit dem Untertitel: *Der völkische Seher Wilhelm Busch*. Autor ist Karl Anlauf, Archivar der Wilhelm-Busch-Gesellschaft, Verlag die verdienstvolle, zu dieser Zeit aber schon gleichgeschaltete Büchergilde Gutenberg. Und das »Kriegs-Winterhilfswerk« 1939–40 wirbt mit Witwe Bolte und Max und Moritz: »Gib doppelt für die lustigen Wilhelm-Busch-Abzeichen! Es sammeln: Polit. Leiter u. Formationen der NSDAP«. Freilich, was letzteren Vorgang angeht, gegen eine solche Indienstnahme durch ein totalitäres System ist kein Toter gefeit.

Wilhelm Busch, Regenlandschaft mit einsamem Wanderer

Und, Spaß beiseite, meine Freunde, nur wer ein Herz hat, kann so recht fühlen und sagen, und zwar von Herzen, daß er nichts taugt. Das Weitere findet sich.

Wilhelm Busch, Eduards Traum.

VI
Der Skandal

Er hätte die Reise nicht antreten sollen. Seit Wochen fühlt er sich elend, fröstelt, hat keinen Appetit, und nachts findet er nur für Augenblicke in einen oberflächlichen, unruhigen Schlaf. Halb wach, halb träumend erlebt er sich dann manchmal wie der Kaiser in Andersens Märchen, auf den sie spöttisch lachend mit Fingern zeigen, weil er nackt ist und es selbst nicht glaubt.

Er hätte zu Hause bleiben sollen. Im warmen Bett hätte er in Ruhe alles ausschwitzen können. Fanny hätte ihn ohne viel zu fragen gesund gepflegt. Und er wäre verschont geblieben von all den Wichtigtuereien und all den Aufgeblasenheiten, die beständig wie eine Käseglocke über der großen Stadt München hängen und sie eng machen und drückend.

Auch wenn es ewig unausgesprochen bleibt: Selbst die Künstlerwelt ist hier nach streng hierarchischen Stufen geordnet. Und er, Wilhelm Busch, hat darin seinen ihm zugeordneten Platz, da kann er zappeln, wie er will. Nicht als Maler – kein Bild genügt ihm, dass er es öffentlich ausstellt – nicht als Dichter – seine Gedichte wollen sie ihm nicht abnehmen – nicht als ernst zu nehmender Denker – sein Grübeln treibt er allein für sich –, seinen Platz hat er als Spaßmacher vom Papiertheater. Nicht mal alle seine Freunde bringen ihm gegenüber mehr auf als Mitleid für einen gescheiterten Maler. Sagen, o nein, sagen tut ihm das keiner! Aber er spürt es in München doch an jeder Ecke, was die große hehre Kunst von einem Witzblattzeichner wie ihm zu halten gewillt ist.

Die Zeit vergeht. Noch ein Jahr, und er hat ein halbes Jahrhundert gelebt. Es scheint ihm, als sei er sehr alt geworden und, so wie die Dinge liegen, am Ziel seines Lebens vorbeigegangen. Für eine Umkehr ist es nun zu spät. Das Ziel seines Lebens? Was für ein großes Wort. Hatte er das denn jemals gekannt? Bis weit in die Kindertage müsste man sich zurückerinnern.

Aber war da jemals etwas Greifbares, etwas Aussprechbares gewesen? Da waren Bilder, die andere längst gemalt hatten, unerfüllbare Wünsche, Hoffnung war da, die mit dem Alter kälter und kleiner wurde. Und sein Ruhm? Pah, Schwindelware das alles! Er hatte doch Augen zu sehen! Was stand denn nun noch auf der Habenseite seines Lebens? Wenn er ehrlich war, nur dies: ein brennender Schmerz.

In den vergangenen zwei Jahren hatte er nicht viel zuwege gebracht. Kindergeschichten nur. *Der Fuchs* und *Die Drachen* und *Stippstörchen*. Märchenhaftes, manches durchtränkt von beißendem Zynismus. Wohl doch nicht so recht für Kinder. Der Verkauf ist äußerst mäßig. Vielleicht hat Bassermann auch nicht genug dafür getan. Er ist ein Freund, ja gut, aber ein ausgefuchster Verleger ist er doch nicht.

Weil er Bassermann in geschäftlichen Dingen immer noch nicht über den Weg traut, ist er trotz seiner miserablen Gesundheit nach München gekommen. Jetzt hat er sich Bassermanns Reden anhören müssen: Es muss was passieren, Wilhelm. Eine richtig große Geschichte muss her. Eine wie *Max und Moritz*. Die Leute vergessen schnell, Wilhelm. Als wenn er das nicht selber wüsste. Alle Welt will immer nur *Max und Moritz* haben. Braun und Schneider verdienen sich eine goldene Nase. Und er sieht keinen Pfennig. Er muss sogar seine eigene Geschichte als Konkurrenz ansehen für alles, was er jetzt neu macht.

Ist er wirklich wegen Bassermann nach München gekommen? Oder weil er malen wollte? Oder weil er es zu Hause nicht mehr ausgehalten hat? Oder … oder … Was weiß ich. Seit Tagen versucht er, sich im Atelier in der Karlstraße zurückzuziehen, versucht ein Bild zuwege zu bringen, aber mal ist das, mal dies. In dieser Stadt kann sich kein Mensch konzentrieren.

Die Arbeit an den Bildergeschichten hat ihn erschöpft, mehr und mehr kommt es ihm vor, als sei er damit an eine Grenze gestoßen, als ginge die Sache nicht weiter, alles was noch folgen könnte, wäre nichts als Wiederholung.

Unschlüssig durchquert er das Atelier, schreitet

aus, als sei er im Schaumburger Wald. Dann mäßigt er den Schritt, schlurft von Wand zu Wand, die Hände auf dem Rücken. Eine Weile bleibt er vor dem Fenster stehen und sieht auf die Straße hinaus. Wie beleidigt dreht er sich um und pendelt wieder durch den Raum. Nordlicht ist das nicht, denkt er. Nordlicht braucht er zum Malen. So wie er's in Wolfenbüttel hat. Und in Lüthorst. Und in Wiedensahl. Nordlicht ist in München überhaupt nicht zu haben. Er muss froh sein, dass er hier überhaupt einen Platz hat zum Malen. Er muss froh sein, dass Freund Gedon ihm diesen Raum hier verschafft hat. Natürlich ist das hier nichts im Vergleich zu Lenbachs Atelier. Aber Lenbach ist als Maler berühmt. Er malt die Größen der Zeit. Alle naselang ist er in Friedrichsruh und porträtiert den Fürsten von Bismarck. Mit Lenbach kann er sich doch wohl nicht vergleichen.

Schließlich zieht er die Schublade der Kommode auf und greift in die Zigarrenkiste. Er weiß, das Kratzen im Hals wird schlimmer werden, es wird ihm die Brust noch mehr zusammenschnüren. Trotzdem steckt er sich eine Zigarre an, bläst den Rauch von sich und macht sich wieder auf den Weg hin und her durch den Raum. Mit verächtlichem Blick streift er das angefangene Bild auf der Staffelei, und auf dem Rückweg reißt er es herunter, knickt die Malpappe, zerreißt sie mit hastigen Griffen in kleine Stücke und wirft sie in den Holzkübel in der Ecke. Wütend pafft er Rauchwolken gegen die Decke und spürt, wie sich sein körperliches Unwohlsein wie vorausgesehen steigert. Irgendwo muss die Weinbrandflasche sein, die Lorenz Gedon ihm zur Begrüßung hingestellt hat. Vielleicht hilft ihm der Alkohol über das Unwohlsein hinweg. Und wenn er nicht hilft, betäubt er vielleicht. Das kann er jetzt gebrauchen.

Er findet die Flasche neben der Kiste mit angefangenen Ölfarben. Ein Glas braucht er nicht. Aber einen Korkenzieher. Wo ist der Korkenzieher? Nach langem ungeduldigen Suchen findet er ihn in der Schublade des Tisches. Weinbrand trinkt er sonst nie. Sonst trinkt er nur Bier, in letzter Zeit aber mehr und mehr Rotwein. Im Augenblick hätte er sogar Bedürfnis nach einem norddeutschen Klaren. Aber den haben sie ja nicht hier in München. Die Weinbrandflasche steht auf dem Tisch, und bei seinen Wanderungen durch das Zimmer hat er jetzt eine Zwischenstation.

Als es gegen Abend an der Tür klopft, hört er es erst nicht. Die Tür, das Atelier, die Stadt, die Welt liegen hinter einem pelzigen Vorhang, durch den kaum etwas dringt.

Es klopft noch einmal, jemand ruft ihn beim Vornamen. Er lauscht eine Weile, hört wieder seinen Namen, greift sich die Flasche, versteckt sie in der Kommode. Dann geht er zur Tür und öffnet. Da steht Ernst Hanfstaengl und lacht ihm entgegen.

»Na Wilhelm, so in die Arbeit vertieft?«

Verständnislos starrt Wilhelm dem Freund ins Gesicht. Der klopft ihm auf die Schulter und bleibt auf der Türschwelle stehen. »Nun, bist du so weit?«

Nur schwer setzen sich Wilhelms Gedanken in Bewegung. Richtig, ja, jetzt erinnert er sich. Sie haben sich verabredet. Im Kunstgewerbehaus findet ein Vortrag statt. Ein Vortrag mit Experimenten. Ein Hypnotiseur will zeigen, wie er Leute dazu bringt, Dinge zu tun, die sie gar nicht tun wollen.

Das Kratzen in der Kehle ist noch da, auch das Ziehen in der Brust, dazu kommt Schädelbrummen, aber alles ist wie gedämpft, mehr noch machen ihm im Augenblick das flaue Gefühl im Bauch und die wackligen Knie zu schaffen.

»Ich hab noch nichts im Magen«, brummt Wilhelm.

»Es gibt zu essen«, sagt Ernst Hanfstaengl. »Nach dem Vortrag.« Auch das noch. Ich muss mich zusammennehmen, ermahnt sich Wilhelm. Nur keine Blöße geben. »Dann los«, sagt er.

Die frische Luft tut ihm gut, aber sie sind kaum aus dem Haus, da schwankt er ungewollt gegen den Freund, und Ernst Hanfstaengl greift nach seiner Schulter, hält ihn einen Augenblick, und mit einem plötzlich erkennenden, unerträglich verständnisvollen Blick sieht er ihm in die Augen.

Wilhelm macht sich los, stampft trotzig weiter,

und Ernst Hanfstaengl beeilt sich, ihn einzuholen, läuft neben ihm her und weiß nun, er muss auf den Freund achten an diesem Abend, muss ihn möglicherweise vor sich selbst beschützen. Das kleinste Wort wäre jetzt höchst gefährlich und könnte einen großen Ausbruch hervorrufen. Wenn Wilhelm betrunken ist, ist nichts vor ihm sicher.

Es ist eben so, denkt Wilhelm. Fehlt nur noch, dass ich mich meiner Herkunft schäme. Es wird immer so sein. Wie sehr der Mensch sich auch mit dem Mantel der Kultur behängt, darunter bleibt er doch das Tier, das er von Geburt an ist. Sei's drum. Wenigstens ehrlich sollte man sein.

Im Saal des Kunstgewerbehauses sind schon alle versammelt: Maler, Musiker, Schriftsteller, die Münchner Intelligenz, oder diejenigen, die sich dafür halten. Was für ein Auftrieb. Was für ein nichtiges Geschwätz. Keiner sieht den anderen wirklich, jeder will nur gesehen werden, jeder will den anderen übertrumpfen. Pfauenhaft umgackern sie sich, prahlen mit den neuesten Belanglosigkeiten, suhlen sich in Klatsch und Tratsch.

Kaum ist Wilhelm vom Gewirr der Stimmen umfangen, kaum ist er ein Teil dieser anderen Welt, sehnt er sich heftig zurück nach der Stille des Pfarrwitwenhauses in Wiedensahl, nach seinen Rosen im Garten, nach den einsamen Wegen ins Feld und in den Wald hinaus. Diesmal hätte er nicht reisen sollen.

Lenbach löst sich aus dem Pulk, kommt auf sie zu und begrüßt sie laut lachend. Der kann sich das leisten, seine polternde bajuwarische Art in diese Gesellschaftskreise zu tragen, auch darum beneidet ihn Wilhelm. Diese direkte Verbindung zum Leben, das ist es, was er verpasst hat.

Lenbach stellt ihm seine Schwester vor: bayrisches Dirndl, Hut mit Federwisch und ein wissendes Lächeln, das sagt: Ich habe dich durchschaut, Trunkenbold.

Bassermann und seine Frau kommen hinzu. Sie reden und reden und Wilhelm hört nicht zu. Aber trotz des Schädelbrummens entgeht es ihm nicht, dass die Freunde untereinander Blicke wechseln, ihn betreffend. Bassermann bedeutet Lenbach: Pass auf du, der Wilhelm hat einen in der Krone. Und Lenbach bedeutet Bassermann: Na, komm, nehmen wir ihn uns unter die Fittiche. Wie ein trotziges Kind entzieht sich Wilhelm der Beaufsichtigung, redet auf Gedon ein, auf Piloty: »Was, du auch? Willst du auch diesem Scharlatan zuhören? Diesem Lügenbold?« Die Zunge ist ihm schwer, irgendwie muss seine Stimme ganz anders klingen, als sie gemeint ist, denn die Freunde lachen und klopfen ihm auf die Schulter. Sie nehmen ihn nicht ernst. Wollen in ihm nur einen billigen Spaßmacher sehen. Na wartet.

Er geht weiter zu der nächststehenden Gruppe, fällt einem Mann ins Wort, den er noch nie vorher gesehen hat: »Sagen Sie bloß, Sie glauben auch an diesen Hokuspokus?«

Der Mann stutzt, sieht pikiert über sein Monokel und sagt streng: »Mein Herr!«

Der, mit dem er geredet hat, lächelt und sieht Wilhelm prüfend an. »Sind Sie nicht Wilhelm Busch?«

Wilhelm, schon im Weitergehen, dreht sich um und sagt: »Nein, mein Herr, ich bin mein Bruder! Wussten Sie das nicht? Wilhelm Busch ist schon lange tot. Ich male alles nur unter seinem Namen. Wussten Sie das nicht?« Dem Angesprochenen bleibt der Mund offen stehen, der Monokel-Mann blinzelt erschrocken.

Schallendes Gelächter ertönt neben ihm. Franz von Lenbach legt Wilhelm den Arm um die Schulter, zieht ihn von den Umstehenden weg und schiebt ihn zwischen die Stühle, auf denen das Publikum nun nach und nach Platz nimmt.

Sie keilen ihn ein, links Lenbach, rechts Bassermann, so wollen sie den Dorfmenschen in Schach halten, wollen verhindern, dass er die erlesene Gesellschaft mit Unflätigkeiten erschreckt.

In der Reihe vor ihnen sitzt Friedrich August von Kaulbach mit seiner Minna. Jetzt sieht Kaulbach sich um, lächelt ihm zu, und Wilhelm sieht, auch Kaulbach weiß Bescheid. Alle haben sich heute Abend gegen ihn verschworen.

Neben Kaulbachs steht Lenbachs Schwester. Über

die Schulter sieht sie mit diesem unerträglich wissenden Blick zu ihm zurück. Jetzt will sie sich setzen. Da zieht ihr Wilhelm den Stuhl weg. Sie fällt ins Leere, kreischt auf und erschrocken drehen sich alle Gesichter zu ihnen um. Entsetzt und ungläubig starren sie ihn an. Franz von Lenbach findet als Erster die Fassung wieder. Er hilft seiner Schwester auf die Beine, schiebt ihr den Stuhl wieder hin, redet beruhigend auf sie ein und übergeht alles mit seinem gewinnenden Lachen.

Eine Glocke ertönt; erregt miteinander redend, setzen sich die letzten Zuhörer auf ihre Plätze; auf der Bühne erscheint ein blondbärtiger Mann in schwarzem Frack, verbeugt sich, trippelt hinter das Pult, sucht links und rechts mit den Händen Halt, blickt ins Publikum, räuspert sich ausführlich und sagt dann mit sonorer Stimme, dass es ihm eine hohe Ehre sei, vor den sehr geschätzten Damen und Herren die neuesten Erkenntnisse seiner Wissenschaft theoretisch und praktisch zum Vortrag zu bringen. Ja, Wissenschaft, man habe richtig gehört, es käme der Tag, an dem die heute vielleicht noch kühn erscheinende Behauptung allgemein anerkannt würde und die Hypnose Verwendung fände in Medizin und Kriminalistik. Umso mehr sei er sich der ethischen Verantwortung bewusst, die nun mal alle Anwendung von Wissenschaft und Forschung erfordert und so weiter und so fort.

Es gelingt dem Hypnotiseur Hansen durch geläufigen Gebrauch von bedeutenden Wörtern und im Verlauf des Vortrags immer sicherer werdende Gesten, das Publikum in den Bann zu ziehen. In der heutigen nüchternen Zeit der Eisenbahnen und Fabriken verliere der Mensch doch immer mehr den Blick für die Geheimnisse, die in ihm liegen. Die Hypnose sei nichts anderes als ein Schlaf, ein bewusst herbeigeführter Schlaf und …

»Und Betrug!«, ruft eine Stimme aus dem Publikum. »Nichts als Betrug!«

Alle Köpfe drehen sich nach ihm um. Wilhelm springt auf. Mit beiden Armen rudert er in der Luft, als wolle er sich frei machen, obwohl niemand ihn hält. »Scharlatan!«, brüllt er. »Schwindler! Nichtsnutz!« Mit hochrotem Gesicht steht er da und droht mit der Faust in Richtung Bühne.

Gelächter kommt auf, aber auch ärgerliche Stimmen melden sich.

»Ruhe!«

»Man sollte den Kerl abführen!«

»Was? Wie? Busch? Nicht möglich!«

»Wilhelm!«, raunt Otto Bassermann erschrocken.

»Lass ihn doch erst mal sein Kunststück machen«, lacht Lenbach. »Dann sehen wir weiter.«

Sie ziehen ihn auf den Stuhl zurück, aber er springt noch einmal auf, schwenkt die Faust und brüllt: »Schwindler!« Dann sinkt er freiwillig auf den

Stuhl zurück. Demonstrativ schließt er die Augen, rührt sich nicht weiter und sagt auch nichts mehr.

Allmählich legt sich das Gemurmel im Publikum; die Köpfe drehen sich wieder dem verstörten Hypnotiseur auf der Bühne zu. Hansen hat dem menschlichen Vulkanausbruch ungläubig und mit offenem Mund zugesehen, und es bereitet ihm sichtlich Mühe, nun wieder in den suggestiven Ton seines Vortrags zurückzufinden.

Aber nach einiger Zeit findet der Hypnotiseur doch seine Sprache wieder und setzt seinen Vortrag fort. Nach gut einer halben Stunde, die ohne weitere Störung verläuft, kommt er endlich zum Höhepunkt, auf den alle gewartet haben, zum praktischen Teil. Scheinbar wahllos zeigt er auf einen jungen Mann in der vorderen Reihe und bittet ihn hinauf auf die Bühne.

Soweit man im Halbdunkel des Saals sehen kann, hält Wilhelm die Augen noch immer geschlossen. Lenbach und Bassermann glauben, er sei eingeschlafen, und halten das für die beste Lösung. Andere bedauern, so um einen zusätzlichen Spaß zu kommen. Umso mehr sind alle überrascht, als Wilhelm nun plötzlich wieder aufspringt, nach vorn geht und Anstalten macht, den Hypnotiseur zu verprügeln. Nur mit Mühe können Hansens Leibwächter ihn zurückhalten.

»Betrug!«, brüllt Wilhelm und versucht, sich frei zu machen. »Nichts als Betrug! Das kann ich auch!«

Lachen, Rufen, Stühlerücken, empörte und belustigte Stimmen steigern sich zu einem enormen Tumult.

»Ja, Busch soll es machen!«

»Busch nach vorn!«

Erst als diese Rufe an sein Ohr dringen, gibt Wilhelm dem Drängen seiner Freunde nach und setzt sich wieder auf seinen Platz. Aber die Erregung im Saal will sich diesmal nicht legen. Viele sind aufgestanden, stecken die Köpfe zusammen, tuscheln und werfen verstohlene Blicke hinüber, dahin, wo sich der halbe Künstlerverein »Allotria« zusammengefunden hat, um auf den bekannten Humoristen einzureden. Wer hätte das gedacht?

»Er soll doch sonst so ein ernsthafter Mensch sein.«

»Ernsthaft? Dass ich nicht lache! Sehen Sie sich sein Gekritzel doch an. Verwirrt ist er, sage ich Ihnen!«

»Niemals! Recht hat er, der Busch!«

»Aber ich bitte Sie!«

»Ungehörig! Ich sage nur: ungehörig!«

Der Hypnotiseur Hansen lässt die Schultern hängen und sieht ratlos in das Durcheinander hinunter. Der junge Mann, der gerade auf die Bühne gestiegen ist, kehrt wieder um. Das ist nicht die Atmosphäre für Experimente mit der Suggestion. Der Geräuschpegel schwillt auch kaum ab, als sich Hansen hinter dem Pult aufbaut und das Publikum verärgert dazu auffordert, doch endlich zu schweigen.

Busch ist umringt von seinen Freunden, sie schieben ihn zur Tür hinaus und reden beruhigend auf ihn ein.

»Komm, Wilhelm, du brauchst was in' Magen.«

»Essen hält Leib und Seele zusammen.«

»Lass ihn doch, Wilhelm, den Scharlatan.«

Im Keller des Kunstgewerbehauses nehmen sie an der langen Tafel Platz. Die Gemüter beruhigen sich allmählich. Der anwesenden Damen wegen reißen sich die an derbe Scherze gewöhnten Männer zusammen, aber unausgesprochen steht der Vorfall im Raum, und auch wenn jetzt Lenbach das Gespräch auf die neue Bedienung beim Lettenbauer zu bringen versucht, spürt doch jeder, das letzte Wort in Sachen Busch ist noch längst nicht gesagt. Und richtig, nach zehn Minuten kann es Piloty nicht gut sein lassen: »Ich hätt' ja schon gern gesehen, was der uns vorgeführt hätte. In Mailand soll es einer so weit getrieben haben, dass sich eine Frau vor den Augen des Publikums entkleidet hat.«

»Ha!«, lacht Wilhelm kurz und trocken auf. Sie sehen zu ihm hin und lächeln unsicher. Bassermann zieht die Stirn kraus.

»Die Person war aus dem Publikum. Nicht manipuliert«, sagt Piloty.

»Wer's glaubt, wird selig«, seufzt Otto Bassermann, ganz auf Wilhelms Zustimmung bedacht.

Aber Wilhelm beachtet ihn nicht. Seine Augen

sind starr auf Piloty gerichtet, als lauere er darauf, ihn bei der nächsten Bewegung, beim nächsten Stichwort anzufallen.

»Elektromagnetische Schwingungen«, sagt Lenbach. »Das soll es sein.«

»In Wien«, sagt Piloty voller Eifer und ahnungslos, »in Wien hat ein Hypnotiseur es fertig gebracht, einen Mann zum Schweben zu bringen. Stellt euch das vor. Waagrecht zum Schweben.«

Wilhelm springt auf. Der Stuhl fällt zu Boden. Mit fahriger Bewegung langt er auf Otto Bassermanns Teller, greift sich ein dickes Stück Käse, wiegt es in der Hand und sieht Piloty herausfordernd an.

»Zum Schweben, sagst du?«, brüllt Wilhelm. »Zum Schweben? Etwa so?«

Piloty nickt erschrocken.

»Da!«, schreit Wilhelm. »Das kann ich auch!« Er holt aus und schleudert den Käse dicht über Pilotys Scheitel hinweg gegen die Wand. Der saftige Edamer klatscht gegen die Wand, klebt einen Moment an der Blumentapete und fällt dann schmatzend zu Boden.

Totenstille herrscht im Raum. Einen Moment lang starren alle auf den Käse, als müsse sich nun der Märchenfrosch in den Prinzen verwandeln.

Aber das Leben ist keine Geschichte. Mit beiden Händen, schwer atmend, stützt sich Wilhelm auf den Tisch, dann stößt er sich ab, schiebt Otto Bassermann beiseite, der ihn halten will, rennt hinter dem Tisch hervor, rennt quer durch den Raum, und als die anderen sich aus ihrer Erstarrung gelöst haben, ist Wilhelm zur Tür hinaus, verschwunden im Dunkel der Nacht.

Er rennt durch die Straßen der Stadt, rennt ziellos und ohne zu denken, rennt, bis er das Tier in sich wieder gezähmt hat, bis der Himmel hell wird hinter den Türmen der Frauenkirche, die Wirkung des Alkohols langsam zurückgeht, die Müdigkeit endgültig von ihm Besitz ergreift, eine Müdigkeit aber, die ihn nicht schlafen lässt.

Gegen halb sieben steht er in seinem Zimmer, packt seine Sachen, steckt der Wirtin das noch schuldige Geld für die Miete unter der Tür durch, verlässt das Haus und ist gegen sieben Uhr am Bahnhof.

Als er im Zug sitzt und endlich zur Ruhe kommt, schüttelt er den Kopf, verwundert über sich selbst. Es ist Dienstag, der 12. April 1881, in drei Tagen hat er Geburtstag, dann noch ein Jahr, dann ist er fünfzig. Was fällt ihm nur ein, sich solch kindische Ausbrüche zu erlauben. Ausbrüche sind nur in Geschichten erlaubt. Das Leben ist ein Gefängnis.

Der Zug fährt an. Er ist froh, allein zu sein im Abteil. Müde und mit rot geränderten Augen sieht er die Häuser der Stadt an sich vorüberfliegen. Nie wieder kehrt er nach München zurück.

Sammelbilder
1881–1908

… Auch mir fängt's an ungemüthlich zu werden in dieser Welt«, schreibt er im November 1881 aus Wiedensahl an Marie Hesse. *»Madam rosa Phantasie empfiehlt sich reisefertig durch die Vorderthür und herein durch die Hinterthür tritt Madam Schwarz. – Ich leide wieder wie im Frühjahr an Appetit- und Schlaflosigkeit. Wer die letztere kennt, weiß, was für ein böses, verdrießliches, endloses Chaos einen Menschenkopf beunruhigen kann. Meine alte Philosophie langt nicht mehr aus; ich sehe mich nach einer neuen um …*

Aber was ihm fehlt, weiß er längst, und alles Umsehen nach einer großmächtigen Philosophie führt ihn am Ende nicht weiter als bis zu dem Satz, der noch im selben Brief zu finden ist: *Ich bin nicht so glücklich, daß ich die Liebe Anderer entbehren könnte …*

Frauen, vor allem junge, dem Leben zugewandte Mädchen, sind die bevorzugten Brief- und Gesprächspartner des alten Wilhelm Busch. Im Haus seines Bruders Gustav, des ehemaligen Seemanns und jetzigen Konservenfabrikanten, lernt er im Sommer 1881 die zwanzigjährige Grete Fehlow aus Berlin kennen, eine Nichte der Schwägerin Alwine. Schon als Kind hat Grete den berühmten Onkel bei Besu-

Wilhelm Busch, Grete Fehlow als liegender Halbakt

chen im alten Forsthaus in Wolfenbüttel gesehen. Jetzt nimmt er sie wahr. Jetzt kommt ihm ihr unbekümmertes, offenbar über die allgemeinen Konventionen hinausgehendes Wesen gerade zupass, seine Grillen zu verjagen.

Zusammen mit dem Neffen Hermann fährt er Anfang September nach Berlin und ist für ein paar Tage Gast im Hause Fehlow. Gleich nach der Rückkehr bedankt er sich artig für die Gastfreundschaft und kündigt an, dass *die lieben Leute* in Berlin nun zu befürchten haben, *daß diese beiden Kerls baldmöglichst mal wieder kommen.*

In seinem Skizzenbuch hat er Grete Fehlow festgehalten: offenherzig, schwungvoll, voller Leben. Die Begegnung mit Grete kommt gerade zur rechten Zeit, seine Lebenskrise zu mildern. Er lässt die Gelegenheit nicht aus, sich selbst an den Haaren ein Stück weit aus dem Sumpf zu ziehen.

Im November 1883 heiratet Grete Fehlow. Als Hochzeitsgeschenk schickt Wilhelm ihr das *Illustrierte Kochbuch für bürgerliche Haushaltungen wie auch für die feine Küche* mit einem ausführlichen, launigen Widmungsgedicht. Danach läuft ihre Beziehung allmählich in aller Freundschaft aus. Für den Augenblick ist sie ihm gerade recht gekommen, für die Dauer ist sie ihm zu wenig gebildet.

Seine Münchner Freunde machen sich Sorgen, er könne in seiner niedersächsischen Abgeschiedenheit nun endgültig *versimpeln*. Einer, der keine großen Worte macht, sondern handelt, ist der Innenarchitekt Lorenz Gedon. Entgegen aller Absprachen und Verwahrungen taucht er im Sommer '81 in Wiedensahl auf. Der Bär wird in seiner Höhle aufgestöbert. Freundlich brummend lässt er es sich diesmal gefallen. Zusammen fahren sie nach Braunschweig, nach Hildesheim und besuchen in Kassel die Gemäldegalerie. Lorenz Gedon ist der Einzige, der sich einfach über die Mauer hinwegsetzt, die Wilhelm um sich gezogen hat. Deshalb fühlt er sich ihm besonders herzlich verbunden. Darauf hat Wilhelm doch immer gewartet.

Zwei Jahre später sind sie wieder zusammen unterwegs. Wilhelm berichtet Fritz Kaulbach nach München:

... Mit Freund Gedon habe ich neulich in Detmold ein paar heitere Tage verlebt. Er war bei Hof, wie im Wirtshaus, ein vielgefeierter Mann; hat aber auch einen potzwunderfeinen Saal erbaut, der sich im Glühlicht frei geschwungener Lüster gar stattlich ausnahm ...

Von Detmold ging's nach Münster, wo in allen Schlupfwinkeln herum getandlert wurde. Abschied in Hamm. Er, mit einem gothischen Sabel und sämtlichen Zeitungen bewaffnet, nach Worms, München – Rom? – ich nach hier. Der wunderliche Kerl ist mir womöglich noch lieber geworden, als bisher ...

Wenig später kommt schlechte Nachricht aus München. Eine Entzündung im Munde des Architekten hat sich als Krebsgeschwür entpuppt. Ohne das Wissen seiner Frau lässt sich Lorenz Gedon in Stuttgart operieren. Im Juli erscheint er wieder auf der ›Allotria-Kegelbahn‹. Aber es sei »ein schrecklicher Anblick, den lieben robusten Kerl mit dem zerschnittenen Gesicht« zu sehen und zu hören, wie er nur verdrückte Laute von sich geben könne. Kaulbach schreibt: »Seine Stimmung ist oft ganz verzweifelt, und die rührende Zärtlichkeit für seine Freunde sieht einem steten Abschied gleich. – Es ist zum Weinen.«

Am 27. Dezember 1883 stirbt Lorenz Gedon.

Wilhelm ist tief erschüttert. Er schreibt ein langes melancholisch-pathetisches Gedicht auf den »treuen Freund«, den »wackren Zecher, deutsch und echt«. Über Fritz Kaulbach und Otto Bassermann gerät das Gedicht an die *Münchner Neuesten Nachrichten* und danach wird es auch in vielen anderen Zeitungen abgedruckt. Wie immer, wenn Wilhelm sehr bewegt und ausnahmsweise nicht auf seinem Beobachtungsposten, sondern beteiligt ist, gelingen ihm nur mittelmäßige Verse.

Kaum fünfzig Jahre alt, beginnt nun auch Wilhelm Busch, Abschied zu nehmen. Alles, was jetzt noch folgt, erscheint wie ein langes Warten auf den Tod. Mehr denn je ist er unbeteiligt. Der schmerzliche Gedanke von Verlust stimmt ihn wehmütig, aber bei genügend Abstand kann er über diesen Schmerz lachen, kann ihn sogar selbstironisch in Szene setzen, kann ihn ertragen, wenn er ihn tanzen lässt.

1882, in *Plisch und Plum*, deutet sich diese Hinwendung zur Selbstironie, seine »neue Philosophie«, schon an.

Im Dezember '81, nach der zweiten Nikotinvergiftung, hat ihm der Arzt das Rauchen verboten. »Mein Befinden ist seither so schlecht geworden«, schreibt er an Fritz Kaulbach, »daß ich mir und anderen recht zuwider bin.«

Recht zuwider ist in der Geschichte *Plisch und Plum* auch der selbstgefällige alte Kaspar Schlich:

Eine Pfeife in dem Munde,
Unterm Arm zwei junge Hunde
Trug der alte Kaspar Schlich. –
Rauchen kann er fürchterlich.
Doch, obschon die Pfeife glüht,
Oh, wie kalt ist sein Gemüt!

Plisch und Plum, die beiden Hunde, werden von Peter und Paul gerettet, die splitternackt im Gebüsch gewartet haben. Das Hacketal, Ebergötzen, Erich Bachmann, die Kindheit, hier taucht auf, was er sich über die Jahre bewahrt hat, was ihm wichtig erscheint, jetzt im Rückblick. Mag sein, auch zwei andere, ihm freundlich gesonnene Menschen haben Einlass in die Geschichte gefunden: Mama und Papa Fittig jedenfalls, er hager und lang, sie mollig und gemütvoll, auf der Bank vor dem Haus sitzend, lassen sich leicht denken als Jan und Mie von der Kaasbruck in Antwerpen.

Kaspar Schlich, die Inkarnation des Bösen, hätte in früheren Busch-Geschichten triumphiert, hier aber fällt er zum Schluss – und das erscheint durchaus als Bruch im Rahmen der Geschichte – hinterrücks in den Teich, in dem er Plisch und Plum am Anfang ertränken wollte. Triumphiert also auf einmal das Gute? Nein, keineswegs. Nur von jetzt an wird auch über die eigene Bosheit gelacht.

Er wird nun wieder produktiv. Nicht »nur« Kindergeschichten fließen aus seinem Zeichenstift. Bassermann erhält nun endlich wieder etwas Größeres. Aber alles, was jetzt noch von ihm kommt, sind letzte Geschichten. Wilhelm Busch inszeniert sich einen langen Abschied.

Balduin Bählamm, der verhinderte Dichter, so nennt er die große Bildergeschichte, in der er selbstironisch-heiter seine von der hohen Kunstkritik geschmähten Bemühungen mit der Verseschmiederei verarbeitet. Rückblick auf die Dichterei. Die Entdeckung, über sich selbst lachen zu können, beflügelt ihn noch einmal neu, versetzt ihn in Gestaltungsfreude und mild lächelnde Melancholie.

Die großen Bildergeschichten eröffnet er meist mit einer lautmalenden Vorrede, die Atmosphäre schafft für die dann folgenden Bilder, für sein Papiertheater. Bei *Balduin Bählamm* zeigt er sich dabei ganz in seinem Element als Meister der Verknappung. Schon mit dem ersten Satz trifft er den Nagel auf den Kopf, bezeichnet er die komisch-tragische Abgründigkeit seiner Geschichte:

Wie wohl ist dem, der dann und wann
Sich etwas Schönes dichten kann!

Dann verliert er sich scheinbar erst einmal in die bäuerliche Alltagswelt und kommt lang und breit aufs Buttermachen zu sprechen:

Es kullert, ballert, quietscht und quatscht,
Wird auf und nieder durchgematscht
…
Legt's in die Mulde, flach von Holz,
Durchknetet es und drückt und rollt's
Und sieh, in frohen Händen hält se
Die wohlgeratne Butterwälze.

Um dann, überraschend und mit entwaffnender Schlüssigkeit den Vergleich zu ziehen:

So auch der Dichter. – Stillbeglückt
Hat er sich was zurechtgedrückt
Und fühlt sich nun in jeder Richtung
Befriedigt durch die eigne Dichtung

Doch guter Menschen Hauptbestreben
Ist, andren auch was abzugeben.
Der Dichter, dem sein Fabrikat
Soviel Genuß bereitet hat,
Er sehnt sich sehr, er kann nicht ruhn,
Auch andern damit wohlzutun.

Man darf also auf das Schlimmste gefasst sein, das Schlimmste, das natürlich das Köstlichste, Witzigste an der Sache sein wird. Und man wird nicht enttäuscht. Weidlich kostet Wilhelm Busch die vergeblichen Dichtversuche seines Balduin Bählamm aus.

Aber niemand sollte auf die vordergründige Idee kommen, Wilhelm Busch ist gleich Balduin Bählamm. So einfach macht es uns der Versteckspieler nie. Bählamm ist, wie der Name schon sagt, von der naiven Sorte, ehrgeizig, eitel, verheiratet, hat vier Kinder, ist Schreiber in einem Büro und vielfältig an die alltäglichen Dinge des Lebens gebunden.

Aber wie Busch ist Bählamm zwischen Stadt und Land hin- und hergetrieben. Weil er in der Stadt – mit unverkennbar Münchner Biergartenatmosphäre – nicht arbeiten kann, sucht er die ländliche Einsamkeit. Dass es auch hier nichts wird mit den göttlichen Einfällen und poetischen Ergüssen, liegt an Rieke Mistelfink, an Krischan Bopp, an den Mücken, Kühen, Vögeln und an dem unvermeidlich hinter einer Bretterwand aufs Ärgern versessenen Lausbuben Jörg, also am ungestalteten, rohen Lebenswillen, der auch weiterhin in seinen Geschichten sich eins lacht über die Bemühungen der Menschen, die Welt nach ihrer Vorstellung zu ordnen.

Arg malträtiert bleibt Bählamm am Ende nur der Traum. Aber selbst der verwandelt sich nun ins Fratzenhafte, und das Gewicht seiner Existenz, seine Familie, holt ihn auf die Erde zurück:

Frau Bählamm ruft, als er erwacht:
»Heraus, mein Schatz! Es ist schon acht!«
Um neune wandelt Bählamm so

Wie ehedem auf sein Büro. –
So steht zum Schluß am rechten Platz
Der unumstößlich wahre Satz:
Die Schwierigkeit ist immer klein,
Man muß nur nicht verhindert sein.

Wie so oft bei Wilhelm Busch ist auch hier der »unumstößlich wahre Satz«, die Weisheit, auf die alles hinausläuft, von sibyllinischer Vieldeutigkeit. Er klagt nicht an, er bezieht keine Stellung, er zeigt nur: so ist es um uns bestellt. Balduin Bählamm schleicht davon, es steht uns frei, ob wir Mitleid mit ihm haben, die Tragik seines Lebens spüren oder ob wir schallend über ihn lachen, unseren Hohn über ihn gießen, uns in der warmen Stube unseres Selbstgefallens über sein Scheitern, das Wilhelm Buschs und unser tägliches Scheitern ist, das Maul zerreißen. Beides wollen wir. Damals wie heute. *Lachen unter Tränen* hat er es genannt. Die Tiefe des Vergnügens liegt im Augenblick der Selbsterkenntnis.

Nach der Bilanz als Dichter folgt ein Jahr später, 1884, die Bilanz als Maler. Kuno Klecksel heißt der hoffnungsvolle Jüngling, dessen Lebensweg von der Geburt bis zur Verspießerung dargestellt wird. Wieder wird die Stimmung der Geschichte mit ausführlicher Vorrede, heiter-beschwingt, mit sprachlicher Akrobatik auf den suggestiven Punkt gebracht: Wir sind nun bereit, über alles zu lachen. Sollte uns zwischendurch mal etwas schmerzlich an das wirkliche Leben erinnern, umso besser, der Schmerz bettet sich in den Strom der Heiterkeit, gehört dazu, wir erkennen uns, die Sache stimmt, ist nicht nur flache Witzreißerei um des Witzes willen.

Auch der Autor hat wohl dosiert seinen eigenen Schmerz versteckt, gibt ihn dem Lachen preis und hofft auf Linderung. Mit neun Jahren ist er von zu Hause weggeschickt worden. Man darf wohl annehmen, dass ihm das wehgetan hat. Hier, im *Maler Klecksel*, kann er nun reimen:

Wenn wer sich wo als Lump erwiesen,
So bringt man in der Regel diesen
Zum Zweck moralischer Erhebung,
In eine andere Umgebung.

Kuno Klecksel, als junger Mensch ganz Ausdruck ungestümer Lebenskraft, gerät natürlich in Konflikt mit den Erziehungsmächten, dem Lehrer Bötel und dem Meister Quast, zu dem er in die Lehre geht, befreit sich von ihnen und geht wie Wilhelm eigenmächtig in »die Musenstadt«, um Kunst zu studieren. Und von dort schreibt Kuno wie weiland Wilhelm in gedrückter Stimmung an den Vater:

»Geehrter Vater! Bei Meister Quast
Hat es mir leider nicht recht gepaßt.

Seit vorigem Freitag bin ich allhie,
Um zu besuchen die Akademie.
Geld hab ich bereits schon gar nicht mehr.
Um solches, o Vater, ersuch' ich Euch sehr.
Logieren tu' ich auf hartem Gestrüppe.
Euer Sohn, das Hunger- und Angstgerippe.«

Was einmal bitterer Ernst war, ist jetzt Grund zum Lachen.

Die Zeit der Unschlüssigkeit, die Zeit der durchzechten Münchner Nächte, hört sich bei Kuno Klecksel so an:

Jedoch zu Nacht, wenn er sich setzte,
Beim Schimmelwirt, blieb er der letzte.
Mit Leichtigkeit genießt er hier,
So seine ein, zwei, drei Glas Bier.

Und im nächsten Absatz wird die Düsseldorfer Zeit in Reim und Bild sichtbar:

Natürlich, da er so vorzüglich,
Sitzt er zu Ostern schon vergnüglich,
Im herrlichen Antikensaale,
Dem Sammelplatz der Ideale.

Kuno scheitert als Maler wie Wilhelm, und schuld daran ist nicht unwesentlich ein gewisser Dr. Hinterstich, seines Zeichens Kunstkritiker der Lokalzeitung, der

Manchem das Geschäft verdirbt,
Der mit der Kunst sein Brot erwirbt.

Wie es sich für eine Busch-Bildergeschichte gehört, kommt es im Redaktionsbüro zu einem turbulenten, komischen Kampf zwischen spitzer Feder und Parapluie, wobei noch einmal auch zeichnerisch vom Nasestechen, Möbelumwerfen und Füßewegziehen alle Register der Kunst eingesetzt werden.

Durch Zufall lernt Kuno dann das Fräulein von der Ach kennen, *vermögend zwar, doch etwas ältlich.* Er rettet sie aus einer peinlichen Situation, sie wird dafür zu seiner Gönnerin, wendet sich aber empört wieder von ihm ab, als sie ihn zur verabredeten Stunde in seinem Atelier mit der jungen, lebensvollen Susanna, der Tochter des Schimmelwirts, antrifft. Kuno heiratet die Susanna, aus und vorbei ist damit die künstlerische Laufbahn, Kuno wird Schimmelwirt und Vater von fünf Kindern, Fräulein von der Ach geht ins Kloster, und wie zum Hohn versammeln sich am Ende Kunos gehasste Bezugspersonen vom Lehrer Bötel bis Dr. Hinterstich am kleinstädtischen Stammtisch und singen, wovor Wilhelms Münchner Freunde ihn warnten, das Hohelied der »Versimpelung«:

Sie alle trinken unbeirrt
Ihr Abendbier beim Schimmelwirt.
Oft sprach dann Bötel mit Behagen:
»Herr Schimmelwirt! Ich kann wohl sagen:
Wär' nicht die rechte Bildung da,
Wo wären wir? Jajajaja!«

Lachen unter Tränen. Schenkelklopfend kann man einfallen in den Chor der Stammtischler. Aber es kann einen auch das Entsetzen packen über so viel menschliche Dumpfheit und darüber, dass einer, der sich am Anfang doch so wild gebärdet hat, durch die Dressur des Lebens gezähmt worden ist.

Blanker Opportunismus also?

Wie kann ein Mensch diese beiden entgegengesetzten Pole in sich vereinen? Immer ist es beides, was ihn ausmacht, der Antrieb, nach der ungeschminkten Wahrheit zu bohren, und die Sehnsucht, dazuzugehören, zu leben. Er kann sich nicht entscheiden. Seit sie ihn von zu Hause weggeschickt haben, hat er das angenommen: fremd sein und von außen in die bullerwarme Stube gucken. Ergebnis seiner Beobachtungen:

Kein Ding sieht so aus wie es ist. Am wenigsten der Mensch, dieser lederne Sack voller Kniffe und Pfiffe …

Die Wahrheitssuche und das Lebenwollen, steht in seinen Geschichten, liegen im ständigen Widerstreit miteinander. Soll doch der Leser entscheiden. Wenn er kann.

In seinem Papiertheater stellt er nur zur Schau. Das Leben, wie's eben ist. Nicht nur hinter dem Bretterzaun lauert das Böse lustvoll und schadenfreudig, in jedem Menschen ist es versteckt. Heuchler ein jeder, der das zu leugnen versucht. Heiligkeit gibt es unter Menschen nicht, es sei denn Scheinheiligkeit. Der tiefste Abgrund verbirgt sich in denen, die sich, von der Eitelkeit verführt, zu Höherem berufen fühlen.

Der geifernden Rede des selbstgefälligen Lehrer Bötel in *Maler Klecksel* folgt noch ein Satz:

Nach diesem von Bötel gemachten Vermerk
Schließen wir freudig das löbliche Werk.

Mit diesem Satz beschließt er nicht nur den *Maler Klecksel*, damit beschließt er, wahrscheinlich ohne sich dessen bewusst zu sein, sein gesamtes »löbliches« Bildergeschichtenwerk. Fortan sucht er nach anderen Ausdrucksmitteln für das, was er noch zu sagen hat. Beim Abschiednehmen will er ernst genommen werden, und den Bildergeschichten, den Nebensachen, dem kultivierten Kneipzeitungsvergnügen, traut er nicht zu, genügend ernst genommen zu werden. Was wäre für ihn nun noch zu leisten in dieser engen Erzählform mit ihren ganz eigenen Gesetzen? Wiederholungen, nichts als Wiederholungen.

Er ist fünfzig und fühlt sich alt. Er bilanziert,

schließt ab, hält Rückschau. Wehmut überkommt ihn. Er spürt die Kälte und Einsamkeit des Zynikers, der er geworden ist. Er hat die Schopenhauer-Philosophie vor sich hingehalten wie einen Schutzschild. Jetzt kriecht er allmählich dahinter hervor und sieht das Leben in unerreichbarer Ferne. Melancholisch lächelt er über sein Missgeschick und seinen Verlust. Aber die Sache scheint ihm doch zu ernst für ein lautes Ausposaunen. Einkehr und Besinnung scheinen ihm angemessen.

Von Franz von Lenbach, dem kritisch bewunderten Malerfreund, der zeitweise in Rom arbeitet, lässt Wilhelm sich im Frühjahr 1886 noch einmal über die Alpen locken. Rom, Florenz und Mailand sind die Reisestationen. Lenbach organisiert zwei Führer für ihn, in Rom den Münchner Professor Alexander von Wagner und in Florenz den Münchner Kunstsammler und Mäzen Alexander Günther. Aber Italien ist für Wilhelm auch diesmal nur verwirrend. Er öffnet sich nicht und ist schon in Florenz mit seinen Gedanken wieder in Wiedensahl. Endlich zu Hause, berichtet er Franz von Lenbach von seiner Rückreise:

... Von Basel bis Frankfurt saß mir eine Mißionarin gegenüber, welche gerade vom Fuß des Himalaya nach 23 Jahren ohne irgendwelchen Günther in ihr westfälisches Dorf zurückkehrte. Recht beschämend für einen Reisetrottel, wie z. B. mich.

Samstag Nachmittags betrat ich wieder die heimathliche Hütte, stolz und entzückt, nach diesem rauhen Rom, über den wonnigen Frühling und das milde Klima meines geliebten Vaterlandes …

Im November 1885 hat sich Wilhelm auf »neutralem Boden« in Hannover mit einem bärtigen Mann aus Düsseldorf getroffen, der sich mit dem Plan trägt, eine Biographie über ihn zu schreiben. Eduard Daelen heißt der Mann, und dass der misstrauische Wilhelm sich auf ihn einlässt, ist höchst erstaunlich. *Die gewöhnlichen biographischen Schreibereien* halte er für *naturgemäß entweder lügenhaft, langweilig oder indiskret*, hat er verkündet. *Ein anderes wär's falls ein richtiger Schlaukopf der Sache in den Keller stiege und mal von Grund aus nachsähe, warum und wann die Leutchen eigentlich lachen …*

Dass Eduard Daelen der richtige Mann für diesen Kellergang in seinem Sinn ist, darüber hätte Wilhelm zumindest gelinde Zweifel haben können, wenn er einen Blick in das von Daelen bisher Veröffentlichte getan hätte.

Über Daelens neuestes Opus, *Das hohe Lied vom Bier*, schreibt die *Norddeutsche Allgemeine Zeitung*: »Allen trinkbaren Geistern des edlen Gerstensaftes hat der bekannte humoristische ›Reimbeherrscher‹ E. Daelen, dem wir auf dem Felde der akademisch-fidelen Gelegenheitspoesie schon mehrfach begegnet sind, sein neuestes Scherzopus gewidmet …«

Aber Wilhelm findet die Zeit zum Bilanzieren reif, warum also nicht auch eine Biographie. Außerdem weist Daelen darauf hin, dass er ihn aus München kennt, dass er dabei war, als Lenbach Busch in die Reihen von »Allotria« eingeführt hat. Auch hat Daelen schon mit Kaulbach gesprochen und anderen Münchner Freunden. Dann soll er mal machen.

Im Mai 1886 kommt ein Buch heraus mit dem Titel: *Über Wilhelm Busch und seine Bedeutung – Eine lustige Streitschrift von E. Daelen.* Der »humoristische Reimbeherrscher« erweist sich als glühender Kulturkämpfer, dessen Absicht es zunächst einmal ist, den berühmten Busch für seine weltanschauliche Sichtweise einzuspannen. Humorvoll geht es dabei meist nur unfreiwillig zu. Der Kulturkampf ist für Daelen, anders als für den inzwischen altersweisen Busch, eine bitterernste Angelegenheit.

Daelen ist nicht nur Kulturkämpfer auf preußischer Seite, er ist auch Nationalist und Militarist, ein Kind wilhelminischer Zeit. Folglich lobt er die Popularität der Busch'schen Verse auch ganz in diesem Sinn:

... In Studentenkreisen wurden die lustigsten Stellen des Textes (Max und Moritz) bei passenden Gelegenheiten nach einer bekannten Melodie abgesungen, und abwechselnd mit heiteren Volksliedern hörte man 1870 beim Einmarsch in Frankreich auch häufig diese gesungenen Weisen eines unverwüst-

Titelseite des Buches von Eduard Daelen

lichen Humors in den Reihen der siegreich vordringenden Truppen erklingen.«

Mit dem Messer zwischen den Zähnen lässt es sich

schlecht scherzen. Jedenfalls hört es sich seltsam unbeholfen an, wenn Eduard Daelen versucht, witzig zu sein. So schildert er die Geburt des Humoristen:

»Am 15. April 1832 wurde ihnen (den Eltern Busch) als Erster ein kräftiger, urgesunder Knabe geboren, der, als er das Licht der Welt erblickte, ein so verschmitztes Gesicht aufsetzte, daß sein Elternpaar in helles Freudengekicher ausbrach.

›Ein rechter Schelm!‹ lachte auch der mit seiner vergnügtesten Miene dreinschauende Mond, und die eben aus langem Winterschlaf zum heiteren Frühling erwachende Erde schmunzelte beifällig: ›Na, mit dem werden wir noch manchen Scherz erleben!‹«

Wilhelm ist nicht zufrieden mit seinem Biographen. Aber ein wenig fühlt er sich doch geschmeichelt. Ihm seine Meinung offen, klar und schonungslos sagen, das kann er nicht. Höflich schreibt er an Daelen:

Sie haben sich in Ihrem Büchlein mit so viel Muth und Wohlwollen meiner angenommen, daß ich Ihnen meinen verbindlichsten Dank dafür aussprechen muß, wenn ich auch, wie Sie schon vermuthet, natürlich nicht ganz einverstanden bin. Auf Ihren Wunsch mache ich einige Bemerkungen dazu.

Der Biograph ist in einer mißlichen Lage. Er soll Alles wißen, um klar zu sein, und erfährt wenig; er sollte Alles sagen, um genau zu sein, und muß doch vieles verschweigen; denn der Tackt ist ein feiner empfindlicher Mann, dem z. B. die frankfurter Erzählung mit Namensnennung … schon anstößig ist …

Am Ende will Wilhelm nur seine Ruhe haben, aber die ist in dieser Sache jetzt schwer zu finden, die nun so verquer in der Welt ist. So egal ist es ihm nicht, was man über ihn denkt.

Dann schreibt der Literaturhistoriker Johannes Proelß, Redakteur der *Frankfurter Zeitung*, in der Ausgabe vom 7./8. September 1886 einen Artikel mit dem Titel *Aus Wilhelm Buschs Leben.* Er würdigt darin Daelens Buch und übernimmt viele falsche Angaben. Aber er bemüht sich auch, der Daelen'schen Euphorie dämpfende Nüchternheit entgegenzustellen. Der Vergleich Wilhelm Buschs mit Goethe und Shakespeare sei wohl doch ein wenig unangebracht. Bildungsbürgerlich beflissen regt Proelß am Ende an, der Meister des volkstümlichen Humors möge doch die Volksmärchen illustrieren.

Jetzt fühlt sich Wilhelm zum Handeln gedrängt. Er schreibt an Proelß, fragt an, ob er interessiert sei, eine kurze Biographie von ihm zu veröffentlichen. Natürlich lässt Proelß sich die Sache nicht entgehen, und so erscheint im Oktober '86 die erste Fassung von *Was mich betrifft* in der *Frankfurter Zeitung.*

Es scheint verwunderlich; aber weil andere über mich geschrieben haben, muß ich's auch einmal tun. Daß es ungern geschähe, kann ich dem Leser, einem tiefen Kenner auch des eigenen Herzens, nicht weismachen, daß es kurz geschieht, wird ihm eine angenehme Enttäuschung sein …

Kurz und knapp, sprachlich äußerst konzentriert, so ist auch seine Selbstbiographie Kunstwerk und Lebenszeugnis. Schmerz, Hoffnung und Träume sind zwischen den Zeilen versteckt. Das Angedeutete, das absichtsvoll Ausgesparte erst liefern den Schlüssel zu dem, was er zu sagen hat. Wehmütig schließt er:

So stehe ich denn tief unten an der Schattenseite des Berges. Aber ich bin nicht grämlich geworden; sondern wohlgemut, halb schmunzelnd, halb gerührt, höre ich das fröhliche Lachen von anderseits her, wo die Jugend im Sonnenschein nachrückt und hoffnungsfreudig nach oben strebt.

Soviel wollt' ich von mir selber sagen.

So wünscht er, gesehen zu werden. Ist er so wirklich? Warum der Skandal in München? Warum sein Rückzug von den Frauen, von so vielem, was im Leben für ihn möglich gewesen wäre?

Mit Bassermann kriselt es seit anderthalb Jahren. Die Freunde verkehren nur sehr geschäftsmäßig miteinander. Die Schuld des geduldigen Bassermann ist es nicht.

Auf seine autobiographische Abhandlung in der *Frankfurter Zeitung* hin kommen Reaktionen. Wilhelm fühlt sich missverstanden. Alle Welt will nur lachen mit ihm. Sie wollen ihn nur als harmlosen Humoristen haben. Nur die eine Seite seines Wesens wollen sie zur Kenntnis nehmen. So wäre er nur

Mittel für das dröhnende, selbstgefällige Lachen der Spießbürger. Das will er so nicht. Also muss er ihnen deutlicher kommen.

Am 25. November '86 schickt er an den *geehrtesten Herrn Proelß* eine zweite Fassung von *Was mich betrifft*. Und damit springt der böse, in einfachen Verhältnissen zurückgezogene, dem Leben abgewandte Wilhelm Busch dem *guten, wohlsituierten und lebendigen Leser* der ehrwürdigen *Frankfurter Zeitung* herausfordernd an die Kehle:

… *So muß man überall bemerken, daß es Verdrießlichkeiten gibt in dieser Welt und daß überall gestorben wird. Du aber sei froh. Du stehst noch da, wie selbstverständlich, auf deiner angestammten Erde. Und wenn du dann dahinwandelst, umbraust von den ahnungsvollen Stürmen des Frühlings, und deine Seele schwillt mutig auf, als solltest du ewig leben … und wenn du dann nicht so was wie ein heiliger Franziskus bist, sondern wenn du wohlgemut nach Hause gehst zum gutgekochten Abendschmaus und zwinkerst deiner reizenden Nachbarin zu und kannst schäkern und lustig sein, als ob sonst nichts los wäre, dann darf man dich wohl einen recht natürlichen und unbefangenen Humoristen nennen …*

Ich bin nicht das, wofür ihr mich haltet, soll das heißen. Was ich wirklich bin, ahnt ihr nicht, ihr *süßen Backfische*, ihr Champagner trinkenden, Skat und Tarock spielenden Philister. Ich bin keiner von den ganz großen Denkern, steht zwischen den Zeilen, aber: *Oft muß man schon froh sein, wenn nur einer, der Wind machen kann, mal einen kleinen philosophisch angehauchten Drachen steigen läßt, geklebt aus altem Papier.*

Was er aufsteigen lässt, sind vor allem Bilder aus dem *putzwunderlichen Polterkämmerchen der Erinnerung.* Anders als in der ersten Fassung von *Was mich betrifft* bemüht er sich nun nicht mehr, sie zu verbinden, seine Erinnerung im Zusammenhang darzustellen. Damit verschlüsselt er noch mehr, und gleichzeitig macht er nun etwas für ihn ganz Neues, er bringt seine Meinung, seine Wertung der Dinge, mit ins Spiel. Aus dem bisherigen: »Seht her, so ist der Mensch, so ist die Welt« wird nun: »Seht her, so sehe ich den Menschen, so sehe ich die Welt.«

Er wählt jetzt sprachliche Bilder, die seine Sicht der Dinge illustrieren sollen. Mal ist diese Sicht wehmütig melancholisch, mal bissig, gegen Dummheit und Verleumdung anrennend.

Und er sagt seine Meinung; nun endlich muss er sie loswerden. Und er sagt sie zuerst zu seinen Freunden und den Menschen, die ihm wichtig waren im Leben. Was er dem Herrn Daelen noch krumm genommen hat, tut er jetzt selber. Zwar ohne Namensnennung und natürlich auch nur als kurze verschlüsselte Andeutung, aber immerhin erscheint die Sache in der *Frankfurter Zeitung*, und er kann sich leicht ausrechnen, dass Johanna Keßler sie liest. Er schließt sie in den Kreis der wohlgenährten Leser ein, teilt ihr so trotzig mit, verdammt noch mal, ich bin anders, gleichzeitig aber denkt er sich auch wieder neben sie:

Aber ich, Madam! Und Sie, Madam, und der Herr Gemahl, der abends noch Hummer ißt, man mag sagen, was man will. – Doch nur nicht ängstlich! Die bösen Menschen brauchen nicht gleich alles zu wissen …

Seine Verbitterung übersteigt die Grenze der Selbstbeherrschung. Seine Eifersucht kann er nicht unterdrücken. Er teilt aus. Seine Gefühle wallen auf. Wie schlecht hat er gelernt, mit ihnen umzugehen.

Dann folgen Bilder aus München. Aber nicht, wie man annehmen könnte, solche von fröhlichen Faschingsfesten, vom Tee bei Wagner, Lenbach oder Levi, keine Berichte von frohen Stunden im Künstlerverein, es folgen Jammerbilder, Bilder der Ernüchterung:

Ein andermal derselbe Weg. – Vor mir ein zärtliches Pärchen. Ihr schleift, am Bändel hängend, die Schürze nach. Ich wirble sie auf mit dem Stock und sage in gefälligem Ton: ›Fräulein, Sie verlieren etwas.‹ Sie hört es nicht. Es ist der Augenblick vor einem Liebeskrach. Er schlägt sie zu Boden, tritt ihr dreimal hörbar auf die Brust, und fort ist er. – Schnell ging's. – Und was für einen sonderbaren Ton das gibt, so ein Fußtritt auf ein weibliches Herz. Hohl, nicht hell. Nicht Trommel, nicht Pauke. Mehr lederner Handkoffer, voll Lieb und Treu vielleicht. Ich gebe ihr meinen Arm, daß sie sich aufrichten und erheben kann; denn man ist oft gerührt und galant, ohne betrunken zu sein.

So, das sollen sie in München lesen, damit sie wissen, dass er auch die Kehrseite ihrer *bierberühmten Residenz* sehr wohl gesehen hat.

Nicht mehr chronologisch dann Bilder aus Ebergötzen, dem Dorf seiner zweiten Kindheit. Ebergötzen, das ist ihm immer eine freundliche, positive Erinnerung. *Aber auch hier gibt's arme Leutchen*, ermahnt er sich jetzt, und statt verklärter Kindheitsidyllen erzählt er nun Geschichten, die hauptsächlich mit dem Tod zu tun haben.

Da ist der kranke Handwerksbursche, den man *über die Dorfgrenze schiebt und sanft in den Chausseegraben legt, damit er ungeniert sterben kann* und *noch einen positiven Wert hat* für den Fuhrmann, der ihn zur Anatomie bringt. Da ist *Puckelrieckchen*, die sich ihr Leben lang nichts gönnt und am Ende nicht mal so viel zusammenbringt, um sich ein *ehrliches Begräbnis* leisten zu können. *Eine kalte Winternacht*, philosophiert der *Pariser, ein Grenzstein im freien Feld und eine Pulle voll Schluck, das müsste einen bequemen Tod abgeben.* Und da ist der alte Danne (der eigentlich Tanne hieß), *Bettelvogt* seines Zeichens, er liegt an einem *schönen, ausdermaßen warmen Nachmittag* tot unter dem Birnbaum, Max und Moritz haben ihn gefunden.

Seht her, Freunde, sagt er mit all dem, das habe ich gesehen und erlebt, so sehe ich das, ein bisschen mehr dürft ihr mir schon zutrauen, als nur ein harmloser Spaßmacher zu sein, auch wenn ich euch *versim-*

pelt erscheine in meiner Provinz. Was ihm seine Abscheu vor der Eitelkeit sonst verboten hätte, tut er jetzt, er zitiert einen lobenden Ausspruch über sich aus einem *glaubwürdigen* französischen Blatt. Trotzig empfiehlt er den Lesern der *Frankfurter Zeitung* zum Schluss den *Werther, Don Quijote* und Shakespeare, die hohe Kunst also, oder:

Trägst du Verlangen nach entzückend mutiger Farbenlust, stelle dich vor das Flügelbild Peter Pauls in der Scheldestadt und laß dich anglänzen von der jungfräulichen Mutter mit dem Kinde.

– Oder sehnst du dich mehr nach feierlichen Tönen einer durchleuchteten Dämmerung, besuch den Heiligen Vater in seinem beneidenswerten Gefängnis und schau den Sebastian an …

In seiner ureigensten, in der Zeichensprache wird er dann ganz deutlich. Am Ende des Artikels ist eine Karikatur zu bewundern, da bückt sich einer und hält dem Leser und Betrachter unmissverständlich den prallen Hintern hin. Ihr könnt mich mal alle.

Der vergleichsweise gemütvollen ersten Fassung von *Was mich betrifft* fügt er mit der zweiten die Kehrseite hinzu. Er hat erfahren: Das Schreiben, aus dem Antrieb, sich in der Öffentlichkeit so darzustellen, wie man gern gesehen werden möchte, auch wenn man noch so viel ausspart, das Schreiben also geleitet von Wunschvorstellungen und Idealen, führt zwangsläufig zu Missverständnissen. Die andere, die dunkle

Seite, gehört untrennbar dazu. Auch ein *milde gemütliches Schweigen* kann darüber nicht hinwegtäuschen.

So stehe ich denn tief unten an der Schattenseite des Berges. Aber ich bin nicht grämlich geworden; sondern wohlgemut, halb schmunzelnd, halb gerührt, höre ich das fröhliche Lachen von anderseits her, wo die Jugend im Sonnenschein nachrückt und hoffnungsfreudig nach oben strebt …

Das schreibt er am Schluss der ersten Fassung seiner Selbstbiographie. So möchte er gesehen werden. Gelassen und altersweise. So nimmt er sich vor zu sein. Aber er weiß es auch anders: Ende November '86 berichtet er dem Freund Fritz Kaulbach in München von seinem letzten Besuch im geliebten Ebergötzen:

… Fast unverändert lag's da auf beiden Seiten des Bachs an und zwischen den zwei Hügeln, wie ehedem. Aber wie hat dagegen das Veränderte die Bewohner verarbeitet. Die alten Wohlbekannten alle weg; die damals Jungen, darunter ich, jetzt alt und auch rücksichtslos so genannt, wie's denn auch wahr ist. Dahinter der junge Nachschub, bereit, seine Vordermänner bei paßender Gelegenheit in schwarze Kisten zu verpacken und in's Suterräng zu bringen.

Mit dem Tod beschäftigt er sich jetzt noch intensiver als früher. In seinen Bildergeschichten kommt der Tod häufig vor; auf sehr turbulente, heitere Weise allerdings. Seine Phantasiehanseln werden geköpft, zermalmt, erstochen und lösen sich einfach auf.

Mit zunehmendem Alter bekommt die Sache nun einen anderen Aspekt.

Eins, zwei, drei! Im Sauseschritt
Läuft die Zeit; wir laufen mit.

Schon vor zehn Jahren hat er den Sensenmann als bedrohliches Element in seiner »Knopp-Trilogie« auftreten lassen. Jetzt – er ist 56 Jahre alt – meint er, ihn immer näher kommen zu hören. Bruder Gustav in Wolfenbüttel stirbt. Das trifft Wilhelm schmerzlich. Lebensbedrohliches passiert rings um ihn herum. Er nimmt es nun mit besonders dafür geschärftem Bewusstsein wahr.

Freund Erich Bachmann schreibt, dass seiner Frau nun schon zum zweiten Mal eine schwere Krebsoperation bevorsteht. Wilhelm bittet darum, dass Erich ihn auf dem Laufenden hält.

Die Gelegenheiten, sich zu sehen, sind für die beiden Jugendfreunde jetzt wieder häufiger geworden. Seit dem Sommer 1887 ist sein Neffe Hermann Nöldeke Pfarrer in Hattorf am Harz, nahe Ebergötzen. Wilhelm hat regen Anteil genommen, dass Hermann die Pfarrstelle bekommt. Er hat sich auch nicht gescheut, Freund Erich ein bisschen dafür einzuspannen.

Im Juni '87 ist die Sache entschieden. Wilhelm schreibt dem Neffen Otto: … *In Hattorf fand ich das*

Pfarrhaus mit Umgebung so gemüthlich, wie ich's noch niergends gesehn. Das junge Ehepaar schien äußerst zufrieden …

Er hat also wieder einen neuen Fluchtpunkt. Wieder ist es ein evangelisches Pfarrhaus, das dem kirchenkritischen Wilhelm Busch Zuflucht bietet.

Die Zeit eilt im Sauseschritt.

Wilhelm ist mit Familienangelegenheiten stark beschäftigt. In Studium und Beruf seiner Neffen investiert er viel Zeit und Geld. Er ist ihnen ein treu sorgender Vater.

Darüber scheint seine Arbeit ganz zu versickern. Hin und wieder malt er ein Bild, zeigt es aber keinem. Orientiert an der Malerei des 17. Jahrhunderts, seinem Vorbild David Teniers gleich, malt er Sammelbilder, setzt mehrere Skizzen mit ähnlichem Motiv auf einer Malpappe nebeneinander. Lange bleibt er nicht bei der Sache.

Hin und wieder schreibt er an einem Gedicht oder macht sich Notizen. Er liest viel, holt Bildung nach. Kein Gedanke an eine neue Bildergeschichte.

Er spinnt sich ein in die Einsamkeit des Wiedensahler Pfarrwitwenhauses, und wenn er mild gestimmt ist, teilt er seine Gemütslage, in Naturbildern versteckt, anderen mit:

… Nur die bewußte allerliebenswürdigste der Grasmücken singt mir noch immer was vor, wenn ich in der Dämmerung zwischen den Rabatten spaziere, wenn Engelkens

Äpfelbäume schon ganz schwarz aussehn, wenn nur noch ein ganz klein bissl Abendroth aus der nordwestlichsten Ecke hervorblinzelt. Dann sitzt das wundersame Vöglein in Nachbars Erbsbraken und phantasiert …

Franz von Lenbach holt ihn ab und zu aus seiner kleinen Welt heraus. Im August '88 fahren sie zum zweiten Mal gemeinsam in die Niederlande. In Den Haag und Amsterdam bewundern sie die meisterhaften Bilder der alten Niederländer.

Dann, im April 1891, erscheint plötzlich ein ganz neuer Wilhelm Busch. Weder die Freunde noch das Publikum haben das erwartet. Zum vierten Mal fängt er ganz von vorn an. Das Neue ist eine Erzählung: *Eduards Traum.*

Was sich in der zweiten Fassung von *Was mich betrifft* angedeutet hat, setzt sich hier fort, radikaler, konsequenter, aber auch noch verschlüsselter. Die kleinen, philosophisch angehauchten Drachen sind zusammenhanglose Gedankenbilder, die er mitteilen will. Geheime Botschaften also, von einem, der nun auf sein Leben zurückblickt, den es drängt, der Ehrlichkeit halber auch das zu sagen, was seiner Meinung nach immer zu kurz gekommen, immer unterdrückt worden ist: die ungeschminkte Wahrheit.

Nur im reinen Geist kann Wahrheit liegen. Trügerisch ist in diesem Sinn der menschliche Körper in seiner Triebhaftigkeit, die ihn an andere Menschen bindet und Verwicklungen und Abhängigkeiten schafft. Das weiß er von Schopenhauer. Hierhin hat ihn seine eigene Grübelei nun geführt.

Um die Wahrheit zu sagen, müsste man also aus dem Körper heraustreten …

Nach kurzer Rahmeneinführung fängt Eduard, ein Mensch wie du und ich, familiär gebunden, den gewöhnlichen Bequemlichkeiten zugeneigt, persönlich zu erzählen an:

… *Die Uhr schlug zehn. Unser kleiner Emil war längst zu Bett gebracht. Elise erhob sich, gab mir einen Kuß und sprach: ›Gute Nacht, Eduard! Komm bald nach!‹ Jedoch erst so gegen zwölf, nachdem ich wie gewohnt, noch behaglich grübelnd ein wenig an den Grenzen des Unfaßbaren herumgeduselt, tat ich den letzten Zug aus dem Stummel der Havanna, nahm den letzten Schluck meines Abendtrunkes zu mir, stand auf, gähnte vernehmlich, denn ich war allein, und ging gleichfalls zur Ruhe. Eine Weile noch, als ich dies getan, starrte ich, auf der linken Seite liegend, ins Licht der Kerze. Mit dem Schlage zwölf pustete ich's aus und legte mich auf den Rücken. Vor meinem inneren Auge, wie auf einem gewimmelten Tapetengrunde, stand das Bild der Flamme, die ich soeben gelöscht hatte. Ich beobachtete sie fest und aufmerksam. Und nun, ich weiß nicht wie, passierte mir etwas Sonderbares. Mein Geist, meine Seele, oder wie man's nennen will, kurz, so ungefähr alles, was ich im Kopfe hatte, fing an, sich zusammenzuziehn. Mein intellektuelles Ich wurde kleiner und kleiner. Erst wie eine mittelgroße Kartoffel, dann wie eine Schweizerpille, dann wie*

Wilhelm Busch, Sammelbild mit neun Studien

ein Stecknadelkopf, dann noch kleiner und immer noch kleiner, bis es nicht mehr ging. Ich war zum Punkt geworden …

Als kalter, beobachtender, aber denkender Punkt beginnt er nun ein sprunghaftes Hin und Her, mal Dorf, mal Stadt, mal einfache, mal vornehme Leute, wie Wilhelm im richtigen Leben.

Und im Traum befreit er sich von drückenden Konventionen, nimmt sich als erwachsener Mensch das Recht heraus, frech zu werden. Eine Weile schwebt Eduard als Punkt über seiner Frau Elise:

… ›Ach so‹, rief ich, ›sieht der Vorgesetzte aus, wenn er schläft!‹ – Hieraus, meine Lieben, könnt ihr ersehn, wie sehr ich mich im Traume zu meinen Ungunsten verwandelt hatte, indem ich es wagte, so frech und leichtsinnig einen Gedanken auszusprechen, den ich im wachen und kompletten Zustande doch lieber nicht äußern möchte …

Mit immer demselben Satz: *Eduard schnarche nicht so!* dringt »der Vorgesetzte« in Abständen in Eduards Traum ein. Anfangs erschrickt er, dann nicht mehr.

Mit seinen Meinungen über das, was er sieht, schont er weder sich noch andere. *Obwohl ich nun, wie erwähnt, infolge traumhafter Isolierung meines Inneren alle fünf Sinne, man möchte fast sagen, zu Hause gelassen, kam es mir doch vor, als bemerkte ich alles um mich her mit mehr als gewöhnlicher Deutlichkeit* … Sätze blitzen auf, die viel über ihn verraten, wenn man nur den richtigen Zusammenhang dafür findet. Sätze von der Kehrseite der Welt. Wenn alles abgeräumt ist, die *Schwindelware Ruhm* beiseite getan, dann bleibt nur der liebesbedürftige Mensch übrig in seinem Erschrecken über sich selbst und die anderen.

Er rechnet nun auch mit dem ab, was ihn groß gemacht hat und woran wir uns bis heute in unzähligen »goldenen Alben« ergötzen; mit seiner Bildergeschichtenwelt:

… *Es war alles Getus. Nämlich die Bewohner dieses unwesentlichen Landes sind hohl. Es scheint Sonne und Mond hindurch, und wer hinter ihnen steht, der kann ihnen mit Leichtigkeit die Knöpfe vorn an der Weste zählen … Schwere gab's hier nicht. Man bewegte sich am Boden oder in der Luft, gleichviel mit einer unabhängigen Leichtigkeit, wie sie nur bei solch rein förmlichen Blasengestalten und Windbeuteln sich denken läßt … Übrigens hatt ich die leeren Gestalten dieser eingebildeten Welt jetzt satt gekriegt und beeilte mich wegzukommen …*

Eduards Traum ist eine Sammlung vielfältiger Anspielungen über sich und seine Zeit, eine hohe Schule des Versteckspiels. Zuerst für die Freunde, dann für die Öffentlichkeit. Von beiden Instanzen fühlt er sich falsch verstanden. Alles Mögliche kommt vor: seine Ansichten über Wissenschaft, Malerei, über Gerechtigkeit, Konkurrenz, Philosophie, seine Zeitgeist-Meinung über die Juden, seine Ansicht über Kritiker, über die Ehe, über einfache und vornehme Leute, über Musik, Wiedergeburt, über das Lachen und immer wieder sein Erschrecken über die eigene Kälte: *Durch Konzentration meines Inneren unter Zurücklassung des Äußeren hatte ich die Fähigkeit zum Wechselverkehr mit der gewöhnlichen Menschheit verloren …*

Er schließt den Rahmen, indem er sich wieder in den gewöhnlichen Zuhörer versetzt, der *mit einer Art peinlicher Betäubung* all den Bekenntnissen zugehört hat: *Wir hatten doch mancherlei Dinge vernommen, die dem Ohr eines feinen Jahrhunderts recht schmerzlich sind. Wozu so was? Und dann ferner: Warum gleich lumpig ein-*

hergehn und es jedermann merken lassen, daß die Bilanzen ein Defizit aufweisen? …

Warum das alles? Weil er als ganzer Mensch gesehen werden will. Und wenn eben die Welt ihn fortwährend nur für die eine Seite mit Glanz und Glimmer überschüttet, dann wird es höchste Zeit, ihr umso mehr die andere Seite hinzuhalten. Oder zu schweigen und sich zurückzuziehen.

Aber solange er Freunde hat wie Lenbach, ist sein Rückzug in die Provinz kein Versinken. Im August 1891 reist er zum dritten Mal zusammen mit dem berühmten Porträtmaler in die Niederlande. Lenbach ist es auch, der etwas zuwege bringt, etwas für ihn organisiert, worauf er schon nicht mehr zu hoffen gewagt hatte.

Am 3. März 1891 ist in Frankfurt der Bankier Johann Daniel Heinrich Keßler gestorben. Wilhelm muss es erfahren haben. Wie anders ließe sich sonst diese Anspielung in *Eduards Traum* erklären:

Mir entgegen aus dem Tore bewegte sich ein herrlicher Trauerzug. Im Sarge befand sich ein angesehener, aber toter Bankier, beweint und begleitet von hoch und gering. Ich konnte deutlich bemerken, wie er aussah. Er lächelte so recht pfiffig und selbstzufrieden in sich hinein, als ob er sich amüsierte, daß er solch schönes Begräbnis weg hatte und ein so langes Gefolge und so viele geschmackvolle Kränze seinen Triumphwagen schmückten …

Beneidet er ihn noch im Tod? Kann er es nicht

verkraften, dass dieser Mann im Leben den Platz eingenommen hat, den er gern besetzt hätte? Ein paar Seiten weiter wischt er ihm in seiner Erzählung noch eins aus:

Zu gleicher Zeit entstand vor einem in der Nähe liegenden geschmackvollen Rokokohause ein wehmütig klagendes Volksgetümmel. Meist Witwen und Waisen, Bankiersfirma. Geschäft geschlossen. Besitzer gestern begraben. Passiva bedeutend.

Er will boshaft sein. Er bekennt sich dazu. Schon viel früher, schon bei der ersten Kurskorrektur seines ihn überwältigenden Bildergeschichtenerfolges, im Vorspruch der *Kritik des Herzens,* gegen den Generalkonsul und andere Philister gerichtet, hat er es doch deutlich gesagt. Man hat ihm nicht glauben wollen. Soll er sich wie die *milden Schafe und die frommen Lämmer* mit der Welt abfinden, wie sie ist? Dass ein Mann ein Leben lang an der Seite einer Frau verharrt, die er begehrt, scheint ihm eine himmelschreiende Ungerechtigkeit. Die Heuchelei bringt er nicht auf, sich damit abzufinden.

Lenbach aber bringt etwas zuwege, auf das Wilhelm nicht mehr gehofft hat. »Hör zu, Alter«, wird Lenbach ihm gesagt haben, »es bedarf nur eines ganz kleinen Anstoßes.«

Gleich nach der Niederlandefahrt, im August '91, setzt sich Wilhelm hin und schreibt einen Brief nach Frankfurt:

Meine liebe Frau Keßler!

Von Lenbach hör ich, es hätten ihn neulich zwei Damen besucht, aus Frankfurt, beide sehr hübsch und ungemein liebenswürdig. – Das hat mich ermuntert. – Und wirklich, schon tausend Jahre sind's her, daß ich nicht mehr geschrieben. Schnell glitscht die Zeit. – Der Sommer ist hin – die Sensen rauschen durch's Korn – und – ja, was wollte ich doch sagen? – Kurzum! Es sollte mich freuen, erhielte ich mal wieder so ein, zwei Zeilen von meinen anmuthigen Tanten, wie ehedem. Ich würd z. B. auch nicht die gewöhnliche Brille nehmen zum Lesen, sondern den goldenen Zwicker, den ich bloß dann aufsetze, wenn ich's mit Leuten zu tun habe, an deren Hochachtung mir besonders gelegen ist. Mit herzlichen Grüßen Ihr alter Wilh. Busch.

Er kann seinen goldenen Zwicker bereithalten. Nicht nur dass er postwendend freundliche Nachricht aus Frankfurt erhält. Er schlägt ihr ein Treffen in Kassel vor. Aber Johanna Keßler wartet den Brief nicht ab und erscheint mit ihren Töchtern Nanda und Letty am 2. Oktober '91 höchstpersönlich im Pfarrwitwenhaus in Wiedensahl. Zwei kleine Kinder sind auch mit dabei.

Schwester Fanny bedauert. Wilhelm ist nicht zu Hause. Verwandtenhochzeit in Celle. Und das kleine Haus ist nicht darauf eingerichtet, fünf so vornehme Personen zu beherbergen.

Die Keßlers danken und hinterlassen die Adresse

eines Hotels im nahen Bad Rehburg. Da werden sie jetzt Quartier nehmen.

In Bad Rehburg also, hinter den Loccumer Bergen, nahe dem Steinhuder Meer, trifft er am Sonntag, den 4. Oktober 1891, Johanna Keßler nach 14 Jahren wieder. Aus den beiden Kindern Nanda und Letty sind inzwischen junge Frauen geworden, 29 und 27 Jahre alt. Nanda, das hat Johanna ihm vorher geschrieben, hat eine geschiedene Ehe hinter sich und zwei Kinder, Nelly und Hugo. Auch sie lernt Wilhelm in Bad Rehburg kennen.

Sie fahren nach Bad Lauterberg und verbringen gemeinsam ein paar Tage im Harz. Rückreise über Hattorf. Wilhelm begleitet sie bis auf den Bahnhof von Northeim.

Von nun an ist Frankfurt für ihn wieder ein häufiges Reiseziel. Schon bald ist er für vier Wochen dort. Wilhelms Lebensgeister erwachen noch einmal neu.

Eine seltsame Metamorphose geschieht. Aus Johanna wird Nanda. Was für Wilhelm über all die Jahre der Gedanke an *die liebste Tante* war, das ist ihm jetzt die junge, lebendige, unberechenbare Frau. Die Briefe an Nanda sprühen vor Lebenslust. Selten, nur wenn ihn ihre Lebendigkeit zu sehr bedrängt, zeigt er ihr brummend die Grenze ihrer Beziehung. In ihrer Quirligkeit ist sie ihm poetische Herausforderung. Kurz nach einem Frankfurt-Besuch schreibt er ihr, wie er sie empfunden hat:

Wilhelm Busch in Frankfurt, um 1902

Und ein neckisches Vöglein habe ich pfeifen gehört, abends lustig und morgens betrübt, das mir, förcht ich, wohl nie auf ein Zweiglein kommt, wo's sich zufrieden gibt, wo's seine dauernde Ruhe findet. Da heißt's: auf und ab, bald hier, bald dort und immer Was Anderes. Einen ungemein festen Käfig müßt Der schon haben, der es finge und sicher behalten möcht. Der Schnabel! Die Krallen! …

Die Briefe an Johanna Keßler sind demgegenüber seltener und schnell in einem viel ruhigeren Fahrwasser. Er schreibt ihr freundlich, aber nicht, wie man hätte erwarten können, mit großer innerer Bewegung, mehr so, wie sich zwei gestandene ältere Herrschaften eben schreiben. Nichts soll sich mehr zwischen ihnen bewegen, das scheint verabredet, sie sind zufrieden damit, sich noch eine Weile ihre bloße Existenz versichern zu können. Die Zeit ist nicht wiederholbar.

Aus Johanna aber entpuppte sich ein Schmetterling namens Nanda. Vergangenheit scheint Gegenwart. Die Illusion ist billig. Zwei kleine Kinder, Nelly und Hugo, sind auch wieder da.

Leben fast wie im Märchen. Warum soll sich das also nicht spiegeln in dem, was nun noch von ihm kommt. Eine Erzählung wieder, eine märchenhafte Erzählung, die Lebensbezüge in Symbolik verwoben, noch besser versteckt.

Im Dezember 1894 schreibt er an Otto Bassermann: *Es ist mir lieb, daß ich dir hier mal wieder ein Manuscript vorlegen kann; ein Seitenstück zu Eduards Traum, betitelt* Der Schmetterling …

Am Anfang gibt er sich wieder altersweise und heiter:

… Jetzt sitz ich da in sanfter Gelassenheit und flöte still vor mich hin, indem ich kurzweg annehme: Was im Kongreß aller Dinge beschlossen ist, das wird ja wohl auch zweckmäßig und heilsam sein …

Dann folgt die Lebensgeschichte des naiv-tollpatschigen und faulen Bauernburschen Peter, der sich auf der Jagd nach einem wunderschönen Schmetterling in die große, weite und böse Welt verliert, von Frauen behext, gequält und in einen unterwürfigen Pudel verwandelt, von ausgemachten Spitzbuben betrogen und von einem groben Arzt zerstümmelt wird. Nach langer Odyssee wird er – wie der kranke Handwerksbursche in Ebergötzen – über die Dorfgrenzen geschoben, und auf Krücken kommt er schließlich wieder im Heimatort Geckelbeck an, wo die Eltern gestorben sind, Magd und Knecht das Regiment im Elternhaus führen, und Peter fortan unerkannt als Fritz Fröhlich seinen Lebensabend mit Schneiderarbeiten verbringt.

Wilhelm ist in den letzten Jahren zunehmend häuslicher geworden. Der Neffen wegen hat er viel Zeit und Geld aufgewandt. Dass er nun seine Frankfurter wiederhat, freut ihn, aber zu spät ist es nun alle Mal. So resümiert er also am Ende der Erzählung als arg gebeutelter Bauernbursche Peter:

Und so leb ich denn allhier als ein stilles, geduldiges, nutzbares Haustier. – Schmetterlinge beacht ich nicht mehr. – Oben im alten Giebelstübchen hab ich mir eine gemütliche Werkstatt eingerichtet. Noch immer reiten die Hexen da vorbei. Neulich, in der Walpurgisnacht, als ich saß und schrieb an dieser Geschichte, spähte Lucinde durchs Fenster herein. Sie lachte wie närrisch; sie war noch gerade so hübsch wie ehedem. Gelassen sah ich sie an, flötete, nahm eine Prise und machte Haptschih!! – …

Gesundheit!, möchte man sagen. Gesundheit,

Meister Busch. Ihre Gelassenheit in Ehren. Und auch Ihre Schmetterlinge. Ob sie nun Nanda heißen oder Johanna, Christine, Hannchen, Anna, Margarethe, Maria, Marie oder Grete. In ihrer Unfassbarkeit waren sie für ihn alle schön. Aber wehe, wehe …

Trotz der Frankfurter Erheiterungen wird er doch immer wieder von der dunklen Seite des Lebens eingeholt. Ende September 1893 ist in Ebergötzen nach langem Leiden Erich Bachmanns Frau gestorben. Das hat ihn bewegt. Dann stirbt sein Freund Friedrich Warnecke, der Heraldiker, nachdem er gerade zum zweiten Mal geheiratet hatte. Es gilt Abschied zu nehmen.

Die Neffen aber entwickeln sich ganz zur bürgerlichen Zufriedenheit. Im Herbst '94 wird Otto Nöldeke als Pfarrer in Hunteburg bei Osnabrück eingeführt und heiratet in Münster. Hermann kann mit der Pfarrstelle in Hattorf zufrieden sein, er hat inzwischen zwei Kinder, und Adolf ist auf dem besten Weg, Lehrer zu werden. Onkel Wilhelm, *das nutzbare Haustier*, hat sich bewährt.

Das Malen, Zeichnen und Schreiben aber versickern immer mehr. Gegen die Müdigkeit des Alters, gegen die Resignation, mag er keine Phantasiehanseln mehr tanzen lassen. 1896 hört er mit dem Malen endgültig auf. Die Bilder, mit denen doch alles angefangen hat, stapeln sich auf dem Dachboden. Viele hat er verbrannt.

Mit den Erzählungen hat er den größten Teil seines Publikums erheblich verschreckt. So etwas tut man nicht. Jeder Produktmanager von heute hätte ihm dringend abgeraten. Aber er hat es auch selber gewusst. 1907 schreibt er im Rückblick:

… Daß meine prosaischen Sachen kein größeres Publikum finden würden, war ja vorauszusehen. Bild und Vers prägen sich leichter ein. Und überhaupt, wer vom zuerst eingeschlagenen Weg zur Seite biegt, der darf sich in der Regel nicht wundern, wenn ihm nur wenige folgen mögen …

Er schreibt jetzt nur noch Gedichte, Aphorismen und Reime und macht sich Notizen von dem, was ihm auf seinem Beobachtungsposten außerhalb des alltäglichen Lebens so durch den Kopf geht. Die Gedanken und Einfälle nennt er Sprikker:

Dürre Zweige, kurz gebrochen,
Etwas dünner oder dicker.
Um Kaffee dabei zu kochen,
Diese Zweige hießen Sprikker.

Einen weiteren entschiedenen Schlusspunkt setzt er am 6. November 1896. In Hannover unterzeichnet er im Beisein seines Bruders Hermann, dem Mathematikprofessor, einen Abfindungsvertrag mit seinem Jugendfreund Otto Bassermann, der besagt, dass die »seither auf gemeinschaftliche Rechnung vertriebenen Werke in den Alleinbesitz der Friedrich Bassermannschen Verlagsbuchhandlung zu unbeschränktem Verlagsbetrieb« übergehen. Dafür zahlt der Verlag eine »einmalige gänzliche Abfindung von 50 000 Mark« in drei Raten bis zum 30. Juni 1899.

Nun braucht Bassermann nicht mehr seine Zustimmung einzuholen, wenn er diese oder jene Ausgabe plant. Damit steigert sich der Verkauf erheblich, und im Nachhinein muss man sagen, dass Wilhelm Busch ein Vielfaches verdient hätte, wäre er bei der alten Regelung der prozentualen Honorarbeteiligung geblieben. Aber er will es so, er will seine Ruhe haben, will bilanzieren, will Übersicht haben. Die Jahrhundertwende scheint ihm eine Zeitschwelle, die er sich kaum noch zutraut zu übertreten.

Aber noch einmal flattert ein bunter Schmetterling vor seinen Augen auf. Grete Meyer, Enkelin von Pastor Georg Kleine, Schwester von Else, der Frau Otto Nöldekes, *die hübsche Grete*, Musikstudentin am Konservatorium in Köln, wohnhaft in Münster, die lebensvolle, fragelustige Grete Meyer wird neben Nanda Keßler zur bevorzugten Briefpartnerin und Vertrauten seiner alten Tage. Über Astronomie haben sie sich unterhalten bei ihrem ersten Treffen während eines Abendspaziergangs durch den Garten in Wiedensahl. Wilhelm wünscht eine Fortsetzung. Aber erst drei Jahre später beginnt der intensive Briefwechsel zwischen der jungen Frau und dem alten Mann.

Eines Tages bittet sie ihn um ein paar Bilder aus der »Rumpelkiste auf der Böhne«. Er gibt sich brummig. *Bilder, meine Tochter, nennt man nur solche Malereien, die beanspruchen, fertig zu sein. Von den übrigen sagt man, es seien Studien, Skizzen oder Geschmier … was man … vor den Augen der Leute gern zu verbergen sucht.*

Sie fragt ihn Löcher in den Bauch über Philosophie, Literatur, Volksglauben, Mythologie, und er, froh, all das gefragt zu werden, antwortet mit Lust und Laune.

Dann steht ein Abschied bevor, von dem man glauben sollte, er falle ihm schwer. Der Abschied von Wiedensahl.

Im Sommer 1898 wird der Neffe Otto Nöldeke, Pfarrer in Hunteburg, nach Mechtshausen bei Seesen am Harz versetzt. Ende Juni schreibt Otto an den Onkel:

»… Damit nun aber der Gedanke nicht so fortwährend auf euch lastet, hatten Else und ich einen Plan, den wir jetzt mit Mutter besprochen haben, den ich aber auch dir gleich schreiben möchte denn ich weiß, daß Mutter es dann doch wieder hinaus schiebt mit dir darüber zu sprechen. Wir möchten so von Herzen gern, daß Ihr beide ganz von Wiedensahl fort und zu uns zöget. Bislang ging das ja nicht. Aber in Mechtshausen haben wir im Hause ja viel Platz, so daß Ihr für Euch oben 4 Zimmer bekommen könnt und das wäre ja, wie wirs hin und her beredet haben, doch genug ... Im Garten könntest du natürlich in Mechtshausen ganz wie in Wiedensahl nach deinem Belieben schalten und walten ...«

Wilhelm fügt sich in die gegebenen Verhältnisse. Ohne Sentimentalität trennt er sich von dem Ort, der ihm immer Bezugspunkt war. Noch einmal macht er eine Verwandtenrundreise. In Hunteburg bespricht er sich mit Otto und Familie, in Münster besucht er Grete, in Norden Adolf Nöldeke, inzwischen Gymnasiallehrer mit Familie. Sonntagsausflug nach Norderney. Auch im Alter ist Wilhelm Busch in Bewegung.

Um dem Umzug zu entgehen, flieht er nach Hattorf und freut sich, dass schon bald auch Grete Meyer dort eintrifft.

Am 12. November 1898 dann schreibt er der liebsten Tante in Frankfurt:

Ihr letzter Brief traf mich nicht mehr in Wiedensahl, sondern in Hattorf, wo ich so lange blieb, bis der Umzug beendigt war. Seit dem 1ten November bin ich nun in Mechtshausen, einem kleinen Dorf von 400 Einwohnern, das, ein wenig erhöht, am Fuße des langgestreckten, dichtbewaldeten und fünf Minuten entfernten Heberberges liegt. Das Pfarrhaus ist neu und geräumig; an der Südseite stehen alte Bäume; dann kommt der sehr große Obst- und Gemüsegarten, von wo man hinaus in den Harz sieht. Zur Bahnstation Gr. Rüden kann man bequem in 3/4 Stunden gehn. Die nächsten Städtchen und die nächste Stadt sind Seesen,

Bockenem und Hildesheim. Kreiensen, an der Bahn Hannover – Frankfurt, liegt nicht weit.

Nun denn! Der Anfang Allhier gefällt mir gut; Bleibt's noch weiter so, dann kann ich zufrieden sein. Viele Jahre braucht's ja sowieso nicht mehr zu dauern ...

Auch an Nanda berichtet er Positives:

... An Bequemlichkeiten daheim hab ich alles nach Wunsch. Zwei hübsche, nicht unmanierliche Kinder, beleben die Wirthschaft; hinundwieder natürlich mit jenen bekannten Geräuschen, die der fertige Mensch, weil er auch mal so war, dem beginnenden Menschen nachsichtig verzeihen soll. Ruth, die eben laufen kann, übt sich fleißig im Sprechen. Solche Anfangsübungen in Laut und Bewegung machen dem Oheim Vergnügen ...

Wieder ist es ein kleines niedersächsisches Bauerndorf, wieder ein evangelisches Pfarrhaus. Kontakt zu seiner neuen Umgebung sucht er noch weniger als in Wiedensahl. Mit verhängten Fenstern fährt er in der Kutsche durchs Dorf. Lange wissen die Dorfbewohner nicht um die Berühmtheit des weißbärtigen Alten im Pfarrhaus. Im Schoß der Familie überschreitet er die Schwelle des neuen Jahrhunderts und blickt mit staunenden Augen in eine Welt des technischen Fortschritts. Grete Meyer berichtet er von ganz neuartigen Schreckenserlebnissen in Frankfurt:

... Mein Besuch in Frankfurt am Main stand unter dem Zeichen des Automobils. Hunderte dieser Stänker flitzten

Wilhelm Busch im Kreis der Familie des Pastors Otto Nöldeke, 1904

hin und her und blärrten dabei gleich, denk ich mir, den Rhinozeröβern im Urwald. Zunächst kommen Einem die Dinger ja unheimlich vor; dennoch mögen sie wohl zu land die Fahrzeuge der Zukunft sein. Wagen mit den armen Heuschrecken von Pferden davor sehen dagegen wirklich recht rückständig aus …

Dem Freund Erich Bachmann hat er hinsichtlich der Autos bekannt: … Man muß sich ja wundern, aber die ländliche Stille ist mir doch lieber.

Die ländliche Stille in Mechtshausen droht erheblich gestört zu werden. Am 15. April 1902 wird Wilhelm siebzig Jahre alt. Und alle Welt will ihn feiern. Nur Wilhelm will nicht gefeiert werden.

Schon im Dezember '91 greifen die Geburtstagsschatten nach ihm. Ein »Correspondenz-Bureau« Schaffer in Leipzig bittet um eine Photographie. Trotzig schleudert er ihnen seine Antwort hin: *Auf Ihr Anfragen vom 27ten dss. erlaube ich mir ergebenst zu erwidern, daß ich mich in den letzten Jahren nicht photographieren ließ und auch noch nicht weiß, ob ich mich demnächst dazu entschließen werde. Mit Hochachtung W. B.*

Aber der Herr Schaffer ist hartnäckig und schickt einen Photographen nach Mechtshausen.

Wie gefürchtet der knurrige Wilhelm Busch bei den Journalisten ist, zeigt ein Brief von Paul Block, Redakteur des *Berliner Tageblatts*, der sich im Januar 1902 aufrafft und untertänigst um einen Originalbeitrag des Jubilars zum bevorstehenden Geburtstag bittet:

»Hochverehrter Herr!

Wie ich anfangen soll weiß ich nicht recht – denn von Leuten, die Sie zu kennen vorgeben, sind mir schwere Verhängnisse in Aussicht gestellt, wenn ich Ihnen mein Anliegen unterbreite. Aber schließlich ist es doch kein Verbrechen, wenn man einem Menschen sagt, wie sehr man ihn bewundert und liebt und welch unvergeßliche Stunden man ihm verdankt! ›Bitte schön!‹ sagen Sie ›Und wenn schon!‹ Ja, teurer Meister, Sie machen sich nichts draus, aber wenn man dafür gesorgt hat, daß man so viel Liebe und Verehrung von und in aller Welt genießt, dann muß man sich's auch gefallen lassen, wenn diese seit Jahren angehäufte Gefühlsmasse einmal explodiert – was gemeiniglich in der erhitzten Nähe eines siebzigsten Geburtstages zu geschehen pflegt …«

Wilhelm antwortet und gibt dem Journalisten die knappste aller Lebensbeschreibungen:

Sehr geehrter Herr!

Ganz so grimmig wie man Ihnen gesagt hat, bin ich doch nicht, nur weniger redselig, als alte Leute zu sein pflegen, wenn sie Gelegenheit finden, über sich selber das Wort zu ergreifen.

Ich wurde geboren 1832 in Wiedensahl. Im Herbst 1847 kam ich auf die Polytechnische in Hannover. Zu Anfang der fünfziger Jahre war ich im Antikensaal in Düßeldorf und in der Antwerpener Malschule. Darauf ging ich nach München, arbeitete für die Fliegenden, zeichnete meine Bilderbogen und machte mit Max und Moritz den Anfang der längeren Bildergeschichten.

Daß sie zunächst gezeichnet und dann erst geschrieben wurden, also die Anschaulichkeit, mag wohl eine von den Ursachen ihrer weiten Verbreitung sein. Im Verhältniß zu ihnen haben Kritik des Herzens, Eduards Traum und der Schmetterling nur bei Wenigen Beifall gefunden. So gut wie all meine Sachen sind in der Stille von Wiedensahl entstanden. Seit drei Jahren wohn ich in Mechtshausen am Harz.

Mit Hochachtung Wilh. Busch.

Was er von der bevorstehenden Feierei hält, schreibt er Nanda: *Ja, und der siebenzigste Geburtstag! Das ist so 'ne Sach. Einem braven Bürgermeister, zum Beispiel, der sich sein lebenlang geplagt und geärgert hat, mag es zum Schluß seiner ruhmvollen Laufbahn willkommen sein, wenn ihm zu Ehren geredet, gegeßen und getrunken wird, und wenn er so Gelegenheit findet, sich gerührt und herzlich zu bedanken. Bei mir aber, deßen leichte Betriebsamkeit man schon mehr als genügend gewürdigt hat, möchte doch eine solche Leichenfeier bei Lebzeiten ganz und gar nicht berechtigt sein ...*

Dann ist der große Tag da. Die Zeitungen überbieten sich in Lobgesängen auf den großen deutschen Humoristen, in einer Sonderausgabe des *Simplicissimus* reimt Ludwig Thoma eine Persiflage auf *Max und Moritz,* Freund Pixis in München schreibt in *Kunst für alle,* Johannes Trojan im *Kladderadatsch,* das *Berliner Tageblatt* würdigt ihn ebenso wie die *Frankfurter Zeitung.* Mehr als tausend Glückwünsche treffen ein, Briefe, Telegramme, eins ist dabei von Kaiser Wilhelm II., der es sich nicht nehmen lässt, »dem Dichter und Zeichner, dessen köstliche Schöpfungen voll echten Humors unvergänglich im deutschen Volk leben werden, seinen »aufrichtigen Glückwunsch zum 70. Geburtstag auszusprechen. Abordnungen humorverpflichteter Vereinigungen stehen vor der Tür, man will ihn feiern, aber Wilhelm ist nicht da; schon vor einer Woche ist er nach Hattorf geflohen. Es gibt ja nicht nur ein Pfarrhaus, in dem er Zuflucht finden kann.

Den Neffen Otto beauftragt Wilhelm, dem Kaiser zu danken, *aber nicht zu byzantinisch.* Otto hält sich dran:

Ew. Majestät

spreche ich für den mir nachgesandten Glückwunsch meinen herzlichen Dank aus.

In aufrichtiger Ehrerbietung Wilh. Busch.

Der Verlag Braun und Schneider, vom schlechten Gewissen geplagt, schickt 20 000 Mark, die Wilhelm zu gleichen Teilen an zwei Krankenhäuser in Hannover weiterleitet. Allmählich legt sich die Aufregung wieder. Neffe Otto und Familie helfen dem Onkel bei der Erledigung der umfangreichen Post.

Er fährt nach Frankfurt, nach Ebergötzen, nach Münster zu Grete, nach Verden, wo Adolf Nöldeke jetzt wohnt, aber nicht mehr nach Wiedensahl. Das Hin und Her der früheren Jahre ist jetzt weniger hektisch, aber ganz hört es nie auf. Der große Pfarrgarten in Mechtshausen ist ihm ein Betätigungsfeld, das seiner Seele wohl tut, er macht Spaziergänge in den einsamen waldreichen Heber und wundert sich, dass er immer noch auf der Welt ist.

Im Februar '93 überarbeitet er seine Selbstbiographie *Was mich betrifft,* verkürzt den Text noch mehr, streicht alle ihm zu persönlich erscheinenden Andeutungen heraus und gibt dem Ganzen den neuen Titel *Von mir über mich.* Er will Ordnung schaffen für die Nachwelt.

Und letzte Gedanken überallhin. Im Mai 1900 ist Hermann Levi nach langem Leiden gestorben. Jetzt, im Februar 1904, schreibt Bassermann, dass Lenbach schwer erkrankt ist.

Lenbachs Schicksal hat mich tief bewegt, antwortet Wilhelm. *Zunächst ist er mein Freund; aber fernerhin, wie peinlich ist der Gedanke, der Platz eines solch apart begabten Menschen könnte demnächst ein für allemal leer stehen …* Im selben Brief an den Verlegerfreund, zwei Sätze weiter: *Eine Zusammenstellung von Gedichten, die in den letzten Jahren entstanden, möcht ich bald veröffentlicht sehn, denn das Lebensfädchen wird immer dünner und kürzer …*

Am 6. Mai 1904 stirbt Franz von Lenbach, vier Jahre jünger als Wilhelm.

Schon im April ist die *Zusammenstellung von Gedichten* bei Bassermann erschienen. Ganz im Sinn des langen großen Abschiednehmens gibt er der Sammlung den Titel *Zu guter Letzt.* Was er mit den Erzählungen aufgewühlt hat, versucht er nun mit den Gedichten wieder zu glätten. Unverkennbar ist sein Wunsch nach Übereinstimmung mit der Welt. Er will seinen Frieden machen. Und natürlich, die dunkle und die heitre Seite, sie gehören doch zusammen wie »Zauberschwestern«:

Zwiefach sind die Phantasien,
Sind ein Zauberschwesternpaar.
Sie erscheinen, singen, fliehen
Wesenlos und wunderbar.

Eine ist die himmelblaue,
Die uns froh entgegenlacht.

Doch die andre ist die graue,
Welche angst und bange macht.

Jene singt von lauter Rosen,
Singt von Liebe und Genuß;

Diese stürzt den Hoffnungslosen
Von der Brücke in den Fluß.

Er zeigt wieder wie in den Bildergeschichten: »Seht her, so ist die Welt«, und lässt seine Meinung aus dem Spiel. Seine späten Gedichte sind wieder Mitteilungen vom einsamen Beobachtungsposten außerhalb, auf den er sich nach den Versuchen der persönlichen Einmischung zurückzieht. Wie ein von der Kritik an den Erzählungen arg gebeutelter, reumütiger Sünder gibt er sich dann auch in dem Gedicht *Wie Üblich*:

Suche nicht apart zu scheinen,
Wandle auf betretnen Wegen.

Meinst du, was die andern meinen,
Kommt man freundlich dir entgegen.

Mancher, auf dem Seitensteige,
Hat sich im Gebüsch verloren,
Und da schlagen ihm die Zweige
Links und rechts um seine Ohren.

Bitterkeit steckt darin, Resignation. Sich abfinden mit allem, wie es ist. Sollen die Leute doch denken und reden, was sie wollen. In einem anderen Gedicht treibt er seine Sehnsucht, dazugehören zu wollen, noch weiter:

Mein Sohn, du hast allhier auf Erden
Dir vorgenommen, was zu werden,
Sei nicht zu keck;
Und denkst du, sei ein stiller Denker!
Nicht leicht befördert man den Stänker.
Mit Demut salbe deinen Rücken,
Voll Ehrfurcht hast du dich zu bücken,
Mußt heucheln, schmeicheln, mußt dich fügen,
Denn selbstverständlich nur durch Lügen
Kommst du vom Fleck.
Oh, tu's mit Eifer, tu's geduldig,
Bedenk, was du dir selber schuldig!
Das Gönnerherz wird sich erweichen,
Und wohl verdient wirst du erreichen,
Den guten Zweck.

Das hat er an Johanna Keßler bewundert. Dieses Kompromiss-schließen-Können. Und hintenrum doch sein Ziel erreichen. Aber was ist das, »der gute Zweck«? Wilhelm Busch sagt es nirgendwo. Im Gästebuch im Hattorfer Pfarrhaus findet sich eines Tages der Eintrag:

Haß, als minus und vergebens,
Wird vom Leben abgeschrieben.
Positiv im Buch des Lebens
Steht verzeichnet nur das Lieben.
Ob ein Minus oder Plus
Uns verbleiben, zeigt der Schluß.

Dahin zielt sein Denken im Alter. Das ist die Schlussbilanz, der er sich stellen will.

Am 9. Juni 1905 übergibt er dem Neffen Otto Nöldeke eine verschnürte und versiegelte Mappe. Zu öffnen nach seinem Tod. Inhalt: das druckfertige Manuskript *Hernach*, eine Sammlung von Skizzen und Sinnsprüchen. Ebenso erhält Otto Nöldeke die schriftliche Bestätigung, nach Wilhelms Tod über die noch unveröffentlichten Gedichte verfügen zu können. Wilhelm räumt auf. Penible Ordnung bis ins Letzte.

Im September 1905 passiert in Frankfurt ein Unglück. Während einer Bootsfahrt auf dem stürmischen Main ertrinkt Nandas Sohn Hugo zusammen mit seinem englischen Vetter. Nanda schickt einen langen minutiösen, verzweifelten Bericht und sucht Trost bei ihm. Zuerst findet er nur sehr allgemeine Worte, sie bedrängt ihn, fragt ihn nach seinem Glauben an Gott, und daraufhin gibt er ihr *mit einigem Widerstreben* ein Bild seiner *schlichten Frömmigkeit* in *Demuth und Gebet, ohne Askese*, jenseits von Kirchengläubigkeit. Nach Gott ruft er gleich Goethe und Schiller zu Hilfe: *Göthe ruft sehnend den Frieden in seine Brust; Schiller sagt, daß die innere Stimme die hoffende Seele nicht täuscht. Und gewiß, nur in der Tiefe der Seele, mit Hülfe jener Kraft, die stärker ist als alle Vernünftigkeit, kann Trost und Ruhe gefunden werden. – Mehr mag ich nicht reden darüber. – …*

Grete Meyer, sein letzter Schmetterling, heiratet – nach einem in die Brüche gegangenen Verlöbnis mit einem Philologen – im August 1906 den Professor für Strafrecht Andreas Thomsen in Münster.

Grete Meyer, die du ja kennst, schreibt Wilhelm an Erich Bachmann in Ebergötzen, *heißt seit anfangs August, Frau Profeßor Thomsen. Sie hat die Hochzeitsreise im Automobil gemacht …*

Die Zeit geht weiter im Sauseschritt der neu industrialisierten Welt, und manches, woran er sich so lange und eisern geklammert hat, schneller und schneller, und manches scheint ihm nun im milden Licht des Alters relativ. Grete hat angekündigt, sie will was über Schopenhauer wissen. Er antwortet:

Max und Moritz im Alter. Erich Bachmann und Wilhelm Busch

Also Schopenhauer demnächst (vielleicht!) der große, grimme! Du wirst ihn, denk ich, bewundern. Eigentlich hat's ja nicht viel auf sich mit dem besten Peßimismus. An dem Glücklichen gleitet er ab, wie Waßer an der pomadisierten Ente, und der Unglückliche weiß ohne weiters bescheid …

Einmal noch, im Juni 1906, ist er unsolide:

Anfangs Juni weilt ich 14 Tage, wie üblich in Frankfurt, wo mir's wie üblich gefiel. Fritz Kaulbach mit seiner angenehmen und talentvollen Frau war extra herübergekommen. Ein Mal saß ich mit ihnen im Rathskeller bis halb drei in der Nacht. Ein einzelner Rückfall in längst abgelegte Gewohnheiten aus der Münchner Zeit …

Zum 75. Geburtstag macht er es wie zum 70., er reißt aus. Diesmal zu Grete nach Münster.

Am 12. August 1907 stirbt Erich Bachmann während eines Kuraufenthalts in Bad Ems. Wilhelm hat ihm am selben Tag noch geschrieben: … *Nach Ebergötzen komme ich nicht mehr dies Jahr …*

Moritz trauert um Max. Er weiß es längst. Er wird ihm bald nachfolgen. Auch im wirklichen Leben sind sie fast genau die gleiche Zeit lang auf der Welt.

Noch einmal erlebt er das Leid eines ihm nahe stehenden Menschen. Kurz vor Weihnachten stirbt Grete Thomsens Tochter Hilde, kaum fünf Monate alt.

Was soll ich viel sagen? schreibt er an Grete. *Ich stehe auf der Grenze von Hier und Dort, und fast kommt es mir vor, als ob beides daßelbe wäre …*

Gut 14 Tage später, am 9. Januar 1908, stirbt Wilhelm Busch in Mechtshausen, morgens um acht Uhr.

Rotjacken in kühler Umgebung

Noch zu Lebzeiten Wilhelm Buschs, im Dezember 1897, werden die *Katzenjammer-Kids,* – unverkennbar eine Nachbildung von *Max und Moritz* – gezeichnet von dem 19-jährigen deutschstämmigen Rudolph Dirks, in den harten Konkurrenzkampf des »New Yorker Zeitungskriegs« geschickt. Die *KatzenjammerKids* stehen schon bald in der Beliebtheitsskala der Bildergeschichtenfiguren an der Spitze, werden massenhaft kopiert und variiert, andere Figuren werden dagegengesetzt, und aus diesem Wettstreit mit den Merkmalen schon unserer Zeit entsteht eine neue Form, unterhaltsame Geschichten zu erzählen, der Comicstrip.

Seine »leichte Betriebsamkeit« habe man »schon mehr als genügend gewürdigt«, schreibt Wilhelm Busch an Nanda Keßler im Hinblick auf den bevorstehenden siebzigsten Geburtstag. Man will ihn feiern, und man feiert ihn, selbst wenn er sich den Feierlichkeiten entzieht. Auch nach seinem Tod wird er festgelegt auf die »leichte Betriebsamkeit«, auf die Nebensache, auf die Bildergeschichten.

Was war er aber denn nun mit der Hauptsache, was hat er erreicht mit dem, was ihm am wichtigsten war?

Als Maler muss man ihn vor seinem eigenen Urteil

in Schutz nehmen. Viele seiner Landschaften, Porträts und Interieurs sind durchaus von eigenständiger Ausdruckskraft. Hätte er das Sich-Auszusetzen nicht gescheut, hätte er sich nicht als Maler selbst zurückgenommen, schon zu Lebzeiten wäre ihm wohl ein Platz in der Malerei seiner Zeit sicher gewesen. Das allzu mächtige Gefühl, von den Vorbildern der großen alten niederländischen Meister geduckt zu werden, der Unwille, sich den akademischen Malrichtungen zu fügen, der autodidaktische Trotz, das alles hat ihn unsicher werden lassen in seinem Suchen, hat seinen Mut unterdrückt, zu seinen eigenen Bildern zu stehen.

Welche seiner Bilder sind am meisten seine eigenen? Das zu beurteilen hängt davon ab, wie man seine Persönlichkeit sieht. Ich meine, dass seine Landschaften mit Rotjacken am meisten seine eigenen Bilder sind.

Immer wieder hat er sie ähnlich gemalt: Landschaften aus erdigem Grundton, windzerzaust, tief hängende Wolken, eine Öffnung im dichten Wald und irgendwo mittendrin ein kleiner roter Punkt, der einzige auffallende Farbtupfer, ein einsamer Mensch im Strudel der Weite.

Wie in den Bildergeschichten ist hier die Idylle in Bewegung versetzt, die Darstellung des Innen wichtiger als der Nachvollzug des Außen. Am Ende hat seine innere Bewegtheit dazu geführt, dass er manche

Bilder scheinbar unvollendet gelassen hat, dass der Malgrund durch die Bilder scheint.

Landschaften mit Rotjacken. Natürlich sind die roten Punkte auch ganz einfach nur Blickfang, malerischer Effekt, manchmal sind es auch Hausdächer, die diese Funktion erfüllen. Aber woher kommen die Rotjacken?

Dafür gibt es kein Vorbild. Dieses Motiv hat sonst niemand verwendet. Es ist unbewiesen, vielleicht aber doch mehr als nur eine schöne Vorstellung: Als Wilhelm Busch am weitesten von seiner niedersächsischen Heimat entfernt ist, als er die erste und für seine Laufbahn als Maler größte Ernüchterung zu bestehen hat, als er mit lebensbedrohender Typhuserkrankung darniederliegt, macht er zugleich eine für ihn so seltene Erfahrung bedingungsloser, einfacher, warmer menschlicher Nähe. Wir erinnern uns: *Jan und Mie waren ein zärtliches Pärchen, doch kinderlos, sie dick, er dünn; sie balbierten mich abwechselnd, verpflegten mich während einer Krankheit und schenkten mir beim Abschied in kühler Jahreszeit eine warme rote Jacke und drei Orangen.*

Rotjacken in kühler Umgebung – nur aus seiner eigenen Erfahrung kann dieses Motiv Eingang in seine Bilder gefunden haben. Es war immer das gleiche Versteckspiel. Sein eigenes Innen hat er ängstlich vor der Welt zu hüten versucht. Und doch ist alles, was er geschaffen hat, davon bewegt.

Zeittafel

1832 *15. April: Heinrich Christian Wilhelm Busch in Wiedensahl geboren.*
Johann Wolfgang Goethe gestorben.

1835 Die erste deutsche Eisenbahn fährt von Nürnberg nach Fürth. Fortschreiten der Industrialisierung durch Erfindungen in Naturwissenschaft und Technik.

1837 Der erste so genannte ›Kulturkampf‹ in Preußen. Die streng lutherisch geprägte preußische Staatsmacht spricht der katholischen Kirche das Recht ab, die Kinder aus Mischehen ausschließlich katholisch taufen zu lassen. Der Vertreter der päpstlichen, so genannten ›ultramontanistischen Partei‹, der Bischof von Köln, Droste-Vischering, wird auf die Festung Minden verbannt.

1841 Ludwig Feuerbachs Buch *Wesen des Christentums* erscheint. Nie vorher in der deutschen Geschichte war das Christentum so offen angezweifelt worden.
Wilhelm Busch wird dem Onkel, Pfarrer Georg Kleine in Ebergötzen, zur Erziehung und zum Privatunterricht übergeben.

1846 *Wilhelm Busch zieht mit Familie Kleine von Ebergötzen nach Lüthorst um.*

1847 *September: Wilhelm Busch wird Schüler der Polytechnischen Schule in Hannover und soll Maschinenbauer werden.*

1848 Nach der Februar-Revolution wird Frankreich Republik.
In Hannover *(mit Wilhelm Busch als »Ordner«)*, Braunschweig, Oldenburg und Thüringen siegt die bürgerliche Revolution fast ohne Blutvergießen.
März: Barrikadenkämpfe in Berlin.
Mai: Das erste rechtskräftig gewählte deutsche Nationalparlament tritt in der Frankfurter Paulskirche zusammen.
Oktober: Niederschlagung der Revolution in Österreich.
Dezember: In der Paulskirche veröffentlicht die verfassunggebende Nationalversammlung die Grundrechte des deutschen Volkes.

1849 April: König Friedrich Wilhelm IV. von Preußen lehnt die ihm vom Paulskirchenparlament dargebotene deutsche Kaiserkrone ab.

Mai/Juni: Nach Abberufung der Mitglieder der Großmächte tagt ein Rumpfparlament der Paulskirche weiter in Stuttgart und wird am 19. Juni vom württembergischen Militär auseinander getrieben. Die Soldaten schlagen den Sitzungssaal in Trümmer. Der erste deutsche Demokratieversuch ist gescheitert. Eine lange Phase politischer Resignation beginnt.

1851 Arthur Schopenhauers letztes Werk *Paerga und Paralipomena* erscheint.

Wilhelm Busch verlässt die Polytechnische Schule in Hannover ohne Abschluss und geht nach Düsseldorf, »um Maler zu werden«.

Otto von Bismarck wird zum preußischen Gesandten am Bundestag ernannt.

1852 *Wilhelm Busch wechselt von Düsseldorf zur Königlichen Akademie der Schönen Künste nach Antwerpen.*

1853 *Ende März: Wilhelm Busch erkrankt in Antwerpen an Typhus. Rückkehr nach Wiedensahl.*

1854 *Wilhelm Busch bricht nach München auf, um sein Kunststudium fortzusetzen. Aufnahme in den Künstlerverein »Jung-München«.*

1858 *Wilhelm Busch veröffentlicht zum ersten Mal in den* Fliegenden Blättern.

1859 Charles Darwin, *Die Entstehung der Arten* erscheint.

1860 Arthur Schopenhauer in Frankfurt am Main gestorben.

1862 Otto von Bismarck wird zum preußischen Ministerpräsidenten ernannt. Bismarck: »Nicht auf Preußens Liberalismus sieht Deutschland, sondern auf seine Macht. Nicht durch Reden und Majoritätsbeschlüsse werden die großen Fragen der Zeit entschieden – das ist der große Fehler von 1848 und 1849 gewesen – sondern durch Blut und Eisen.«

1864 *Wilhelm Busch begegnet Anna Richter in Wolfenbüttel. Sein erstes Buch* Bilderpossen *erscheint.*

1865 Max und Moritz *erscheint.*

1867 Bismarck wird Kanzler des Norddeutschen Bundes.

Wilhelm Busch ist zum ersten Mal im Haus des Bankiers Keßler in Frankfurt am Main. Beginn der Freundschaft mit Johanna Keßler.

1869 Eröffnung des 1. Vatikanischen Konzils.

1870 Ausbruch des Deutsch-Französischen Krieges.

Das 1. Vatikanische Konzil nimmt das Dogma von der Unfehlbarkeit des Papstes in Glaubensdingen an.

Der Heilige Antonius von Padua *ausgeliefert und verboten. Der Prozess gegen Wilhelm Buschs Verleger Moritz Schauenburg endet mit Freispruch.*

1871 Wilhelm I. wird im Schloss zu Versailles zum Kaiser von Deutschland proklamiert. Reichsgründung. Von Bismarck wird Reichskanzler.

Charles Darwin, *Die Abstammung des Menschen* erscheint.

Wilhelm Busch schließt einen Verlagsvertrag mit Otto Bassermann in Heidelberg. Künftig erscheinen alle seine Bücher im Verlag seines Jugendfreundes.

1872 Kulturkampf in Preußen: 30.1. – Eröffnung durch Reichtagsrede von Bismarcks. 11.3. – Das preußische Abgeordnetenhaus beschließt die weltliche Schulaufsicht. 7.7. – Der Jesuitenorden wird in Deutschland verboten.

Die fromme Helene, Bilder zur Jobsiade *und* Pater Filucius *erscheinen. Wilhelm Busch zieht zur Familie von Schwester Fanny ins Pfarrhaus in Wiedensahl.*

1873 Kulturkampfgesetze werden erlassen.

1874 Dideldum! *und* Kritik des Herzens *erscheinen.*

1875 Päpstliche Enzyklika gegen die Kulturkampfgesetze.

Abenteuer eines Junggesellen *erscheint. Wilhelm Busch beginnt den Briefwechsel mit Maria Anderson.*

1876 Herr und Frau Knopp *erscheint.*

1877 Julchen *erscheint. Wilhelm Busch schließt sich in München dem Künstlerverein »Allotria« an. Freundschaft mit Lenbach, Kaulbach, Gedon. Zerwürfnis mit Johanna Keßler.*

1878 Hofprediger Stöcker gründet die antisemitische »Christlich-Soziale Arbeiterpartei«.

Friedrich Nietzsche, *Menschliches, Allzumenschliches* erscheint.

Die Haarbeutel erscheint. Kurze Italienreise. Auf der Insel Borkum lernt Wilhelm Busch Marie Hesse kennen.

1879 Adalbert Falk tritt als preußischer Kulturminister zurück. Allmähliche Entschärfung des Kulturkampfes.

Wilhelm Busch zieht mit seiner Schwester und den drei Neffen ins Pfarrwitwenhaus in Wiedensahl um. Fipps, der Affe *erscheint. Bruder Dr. Otto Busch stirbt in Frankfurt am Main.*

1880 Bildung antisemitischer und völkischer Vereine und Sekten. Konrad Duden, *Orthographisches Wörterbuch* erscheint. *Beginn der Freundschaft zwischen Wilhelm Busch und dem Wagner-Dirigenten Hermann Levi.*

1881 *Zweimalige Nikotinvergiftung. Skandal im Künstlerhaus in München. Bekanntschaft mit Grete Fehlow.*

1882 Uraufführung von Richard Wagners *Parsival* in Bayreuth. Dirigent: Hermann Levi.
Plisch und Plum *erscheint.*

1883 Balduin Bählamm *erscheint.*

1884 Maler Klecksel *erscheint.*

1886 *Eduard Daelen,* Über Wilhelm Busch und seine Bedeutung *erscheint. Wilhelm Busch reagiert darauf mit den beiden Fassungen von* Was mich betrifft *am 10. Oktober und 2. Dezember in der* Frankfurter Zeitung.

1888 Wilhelm II. wird deutscher Kaiser.

1891 Eduards Traum *erscheint. Wilhelm Busch fährt zum dritten Mal mit Franz von Lenbach in die Niederlande. Versöhnung mit Johanna Keßler.*

1892 *Intensiver Briefwechsel zwischen Wilhelm Busch und Nanda Keßler.*

1895 Der Schmetterling *erscheint.*

1896 *Wilhelm Busch gibt endgültig das Malen auf. Beginn des Briefwechsels mit Grete Meyer. Abfindungsvertrag mit Otto Bassermann.*

1898 Otto von Bismarck gestorben.
Abschied von Wiedensahl. Wilhelm Busch zieht mit Schwester Fanny zur Familie des Neffen, Pfarrer Otto Nöldeke in Mechtshausen.

1900 Friedrich Nietzsche gestorben.

1902 *Große Resonanz zum siebzigsten Geburtstag von Wilhelm Busch. Der Jubilar entzieht sich den Ehrungen.*

1904 *Franz von Lenbach gestorben.*
Zu guter Letzt *erscheint.*

1907 *Der Freund Erich Bachmann stirbt in Bad Ems.*

1908 *9. Januar: Wilhelm Busch stirbt in Mechtshausen.*

Quellen- und Literaturverzeichnis

Friedrich Bohne
Wilhelm Busch, Leben, Werk, Schicksal. Zürich 1958.

Friedrich Bohne
Wilhelm Busch. Sämtliche Briefe. Kommentierte Ausgabe unter Mitarbeit von Paul Meskemper und Ingrid Haberland. Hannover, Wilhelm-Busch-Gesellschaft 1968/69.

Wilhelm Busch: Sämtliche Werke. Herausgegeben von Rolf Hochhuth. Güthersloh 1959.

Wilhelm Busch: Lebenszeugnisse. Herausgegeben von Herwig Guratzsch. Stuttgart 1987.

Wilhelm Busch als Maler in seiner Zeit. Katalog zur Ausstellung. Hrsg. vom Land Niedersachsen. Hannover 1982.

Wilhelm Busch als Zeichner nach der Natur. Katalog zur Ausstellung. Hrsg. vom Land Niedersachsen. Hannover 1982.

Wilhelm Busch: Die Bildergeschichten zwischen Flugblatt und Cartoon. Hrsg. vom Land Niedersachsen. Hannover 1982.

125 Jahre Max und Moritz. Entstehung und Wirkung des berühmten Buches. Hrsg. von der Wilhelm-Busch-Gesellschaft. Stuttgart 1990.

Eduard Daelen
Über Wilhelm Busch und seine Bedeutung. Eine lustige Streitschrift. Düsseldorf 1886.

Die Düsseldorfer Malerschule. Kunstmuseum Düsseldorf 1979.

H. C. Ebertshauser
Malerei im 19. Jahrhundert. Münchner Schule. München 1979.

Dieter P. Lotze
Wilhelm Busch, Leben und Werk. Stuttgart 1982.

Joseph Kraus
Wilhelm Busch in Selbstzeugnissen und Bilddokumenten. Hamburg 1970.

Dietrich Leube
Das große Wilhelm-Busch-Buch. München 1979.

Hermann, Adolf und Otto Nöldeke
Wilhelm Busch. München 1909.

Ut oler Welt. Volksmärchen, Sagen, Volkslieder und Reime gesammelt von Wilhelm Busch. Hrsg.: Rainer Schepper. Reprint der Erstausgabe 1910. Regensburg 1981.

Georg Steinberg
Naharkels. Reprint der Ausgabe von 1899. Einbeck 1986.

Gerd Ueding
Wilhelm Busch. Das 19. Jahrhundert en miniature. Frankfurt am Main 1977.

Wilhelm Busch Jahrbücher – Mitteilungen der Wilhelm-Busch-Gesellschaft.

Fotonachweis:

S. 63: Bayer. Staatsgemäldesammlungen, München. – Alle übrigen Abbildungen: Wilhelm-Busch-Museum, Hannover.

Empfehlung

Wilhelm Busch gehört zu den Deutschen, deren Werke und Lebenszeugnisse am häufigsten ausgestellt werden. Wer sich auf die Suche nach den Spuren seines Lebens machen will, findet sie an folgenden Orten:

Erste Adresse in Sachen Wilhelm Busch ist das Wilhelm-Busch-Museum, auch Museum für Karikatur und kritische Graphik, im Wallmodenschlösschen im Georgengarten in Hannover-Herrenhausen. Hier findet man vor allem die Originale der Bildergeschichten, die meisten der noch erhaltenen Ölbilder, viele weitere Lebenszeugnisse und fachkundigen Rat auf alle Busch-Fragen.

In Wiedensahl kann man das Geburtshaus besichtigen. Mit fachkundiger Begleitung kann man dort Fahrradtouren und Kutschfahrten auf den Spuren von Wilhelm Busch unternehmen.

Die Bachmann-Mühle in Ebergötzen bei Göttingen heißt heute »Wilhelm-Busch-Mühle«, ist restauriert und rumpelt wie zu Buschs Zeiten. Informative und anschauliche Führungen veranstaltet der ›Förderverein Wilhelm-Busch-Mühle‹.

Auch in Hattorf am Harz gibt es eine kleine Wilhelm-Busch-Gedenkstätte zu besichtigen, unterhalten vom Förderverein Wilhelm Busch, Hattorf. In Lüthorst am Solling ist der Heimatverein ›Wilhelm-Busch‹, Lüthorst e.V., für Informationen und Besichtigungen zuständig.

Die beiden Räume, die Wilhelm Busch im Pfarrhaus in Mechtshausen bewohnt hat, sind – eingerichtet wie zu seiner Zeit – zu besichtigen. Führungen und Informationen durch den Förderkreis Wilhelm-Busch-Gedenkstätte Mechtshausen e.V.

Die Arbeit an diesem Buch wurde durch ein Stipendium der niedersächsischen Landesregierung gefördert.